hänssler

Friedrich Hänssler

Variationen in Dur & *Moll*

Verleger Friedrich Hänssler erzählt aus seinem Leben

Friedrich Hänssler, geboren 1927, Studium der Theologie und Musikwissenschaft. Er hat in vielen Gremien in Mission und Kirche verantwortlich mitgearbeitet. Er ist verheiratet mit Ursula und hat sechs erwachsene Kinder.

2. Auflage 2003
Hänssler-Hardcover
Bestell-Nr. 393.929
ISBN 3-7751-3929-X

Internet: www.haenssler.de
E-Mail: info@haenssler.de
Umschlaggestaltung: Jens Vogelsang, Aachen
Titelbilder: IMSI GmbH
Satz: Vaihinger Satz & Druck, Vaihingen/Enz
Druck und Bindung: Ebner & Spiegel, Ulm
Printed in Germany

Die Bibelstellen wurden überwiegend nach Luther 1912 zitiert.

Variationen in Dur & *Moll*

Inhalt

Inhalt

Vorwort

Vorwort

»Du ... siehst auf die Spuren meiner Füße.«
(Hiob 13,27)

Ein weithin bekannter Bischof sandte mir einmal eine interessante, handgeschriebene Textkarte zu. Darauf stand in großen Lettern: »Unter allen ›Darstellenden Künsten‹ blüht heute besonders die Kunst der Selbstdarstellung.« Das war seine knappe Antwort auf meine Bitte, etwas über seine Erfahrungen mit Gott zu schreiben.

Dieses Wissen um die Gefahr der Selbstdarstellung hat mich viele Jahre daran gehindert zu berichten, was ich mit Gott erlebt habe. Der Ausspruch: »Nicht alle Papageien sprechen – es gibt auch schreibende«, hat meine schriftstellerischen Planungen ebenfalls nicht beflügelt.

Wenn ich heute in einem ersten Anlauf ein wenig davon erzähle, ganz bewusst schlicht, ohne literarische Ausschmückung, dann ist es, um Gott Dank abzustatten für seine einzigartig erstaunliche Führung in meinem Leben – so wie der Psalmdichter David das sagte: »Ich ... erzähle alle deine Wunder.« (Psalm 9,2)

Elisabeth Elliot, die Frau des von den Aucas ermordeten Missionars Jim Elliot und bekannte Schriftstellerin, ermutigte mich auf ihre herzerfrischend direkte Art dazu, als sie mir erklärte: »Du bist schon viel zu alt, um noch länger damit zu warten, von Gottes Wirken in deinem Leben zu berichten.«

Erwarten Sie bitte kein Aneinanderreihen von Erfolgsmeldungen, die wären nur eher zu hinterfragen. In einem Menschenleben wäre auch über manche Versäumnisse, viel Versagen und schwierige Teststrecken zu berichten. Die bunt gemischten Erlebnisse können natürlich nur bruchstückhafte Momentaufnahmen sein. Es sind Variationen in Dur und Moll, aber Variationen über ein Thema: Gott gestaltet ein Leben.

Im Rückblick auf viele Jahrzehnte wurde mir zur wichtigen Erfahrung: Führung durch Jesus bedeutet immer: »Alles ist Geschenk.« Wenn Gott auf die Spuren meiner Füße achtet, ist das unverdientes Geschenk.

Und dieses Geschenk ist genauso viel wert wie die Liebe meines himmlischen Vaters, der dieses Geschenk ausgesucht hat.

Der Tod
ist verschlungen vom Sieg

Im politisch sehr bewegten Jahr 1937 – von uns Kindern in der Familie so gar nicht wahrgenommen, weil unsere Eltern einen großartigen Schutzschild gegenüber den Einflüssen von Staat und Partei bildeten – wurde in der Gemeinschaft meines Heimatdorfes eine Evangelisationswoche geplant. Man hatte als Verkündiger einen Prediger aus Worms eingeladen. Obwohl Stil und Inhalt seiner Ansprachen eher ältere Menschen angesprochen haben dürften, entstand unter jungen Besuchern eine geistliche Bewegung. Zu diesen Besuchern gehörte auch meine siebzehnjährige Schwester Anna. Sie war ein recht fröhlicher, sportlicher Typ. Man sah sie oft als Anstifterin einer ganzen Clique von Mädchen. Sie half mir, dem sieben Jahre jüngeren Bruder, an einem Felsen der Schwäbischen Alb zu meinen ersten bergsteigerischen Erlebnissen.

Schon am dritten Abend dieser Verkündigungswoche war Anna vom Wort Gottes so getroffen worden, dass sie um ein persönliches Gespräch mit dem Verkündiger bat. In diesem Gespräch vollzog sie den Schritt über die Linie, erfuhr sie, was es bedeutet, Frieden mit Gott zu haben. Wie nicht anders zu erwarten, brachte sie am nächsten Abend einige Schulfreundinnen zur Evangelisation mit. Auch unter ihnen wirkte Gott. Mit dem Sonntagabend schloss diese besondere, mit bleibender Freude erfüllte Woche ab. Der Verkündiger verabschiedete sich und man machte noch rasch ein Familienbild mit dem damals vier Reichsmark teuren Fotoapparat.

Am nächsten Tag, am Montag, war Anna krank. Sie hatte eine starke Halsentzündung, die sich als schwere Diphtherieerkrankung herausstellte. In unserem Dorf war eine Diphtherie-Epidemie ausgebrochen, die vielen Kindern, auch meinem Vetter und bestem Freund, das Leben nahm. Donnerstags rief Anna meine Eltern ans Krankenbett, um sie um Verzeihung zu bitten für alles, was in ihrem Leben nicht richtig gelaufen war. Dabei sagte sie: »Jesus hat mir schon alle Schuld vergeben. Nun möchte ich euch auch noch um Verzeihung bitten.«

Meine Mutter fing an zu weinen. Obwohl es Anna schwer fiel zu sprechen, sagte sie zu meinen Eltern: »Warum weint ihr denn? Christen sehen sich nie zum letzten Mal.« Sie zitierte damit ein Lied, das zu jener Zeit häufig gesungen wurde.

Wegen der Ansteckungsgefahr war ich ins Nachbarhaus, zu lieben Bauersleuten, ausquartiert worden. Freitags konnte ich meine Schwester kurz sehen; es war der Tag meiner Aufnahmeprüfung ins Gymnasium. Mit viel Mühe sagte sie zu mir: »Frieder, du hast keine Angst!«

Am Samstagmorgen, es ging ihr gar nicht gut, rief Anna meinen Vater an ihr Bett und bat ihn: »Papa, spiel mir noch den letzten Vers des Chorales ›Die güldne Sonne‹.« Der Vers lautet: »Kreuz und Elende, das nimmt ein Ende; nach Meeresbrausen und Windessausen leuchtet der Sonne erwünschtes Gesicht. Freude die Fülle und selige Stille darf ich erwarten im himmlischen Garten; dahin sind meine Gedanken gericht.«

Das Klavier stand im Nebenzimmer. Mein Vater ging dorthin, spielte den Vers, und als er wieder ins Krankenzimmer zurückkam, war meine Schwester schon bei Jesus in der Ewigkeit, dem sie etwa zehn Tage zuvor ihr Leben anvertraut hatte.

Die Beerdigung war keine Trauerkundgebung. Der Aidlinger Schwesternchor sang das Lied meines Vaters: »Auf Adlers Flügeln getragen übers brausende Meer der Zeit«. Als dann am offenen Grab

Abschied genommen wurde, es war schon das dritte Kind, das meine Mutter hergeben musste, rief mein Vater den Versammelten ein Bibelwort zu; es drückte genau das aus, was viele Anwesende auf dem Friedhof genauso empfanden: »Der Tod ist verschlungen in den Sieg. Tod, wo ist dein Stachel? Hölle, wo ist dein Sieg?«

Dieses Wort aus dem großen »Hohelied der Christenhoffnung« (1. Kor. 15, 55 + 57) fährt dann fort: »Gott aber sei Dank, der uns den Sieg gegeben hat durch unsern Herrn Jesus Christus.«

Vom Tod
zum Leben

Am 14. Februar 1943, nach dem Sonntagsgottesdienst, machten wir in der Familie noch etwas geistliche Hausmusik. Mein Vater spielte das Harmonium im Esszimmer, meine ältere Schwester sang und ich spielte Violine, mehr schlecht als recht zu dem Lied »Flehend heben wir die Hände«. Das ist eigentlich ein romantisches Chorlied, doch sollte gerade dieses sich mir unauslöschlich einprägen.

Aufgrund des Klangs der Musik überhörten wir die Hausglocke. Dass irgendetwas gar nicht mehr in Ordnung war, merkte mein Vater an meinem immer zittriger gewordenen Geigenspiel. Nur ich konnte beim Musizieren ins Nebenzimmer sehen: Dort standen ein Hitlerjugend-Führer und zwei SS-Führer. Der plötzliche »Besuch« galt zunächst nicht meinem Vater, wie schon lange erwartet, sondern mir.

Nachdem die Türen geschlossen waren, begann ein schlimmes, langes Verhör, mit allen bekannten Methoden. Anlass für das Verhör war meine Weigerung, zur »Hitlerjugend« zu gehen und deren Veranstaltungen zu besuchen – damals fast ein Staatsverbrechen.

Bald wurde mir klar, dass noch eine zweite Frage im Raum stand, die noch viel gefährlicher war und nun brutal gestellt wurde: »Hat dein Vater dir verboten, Mitglied der Hitlerjugend zu sein?« Die Brisanz dieser Frage war mir bewusst, zumal mein Vater schon 1934, 1937 und später immer wieder denunziert worden war. (1937 war er im Kampfblatt der Hitlerjugend, der »Reichssturmfahne«, wegen eines geistlichen Lieds, in dem das Wort »Zion« vorkam, auf bösartige Weise lächerlich gemacht worden.) Natürlich antwortete ich wahrheitsgemäß: »Nein, das ist meine eigene Entscheidung.«

Gegen Ende des Verhörs wurde noch mein Vater herzugeholt. Diese ganze Sache wäre wohl recht schlimm ausgegangen, hätte ich nicht einen Einberufungsbefehl der Wehrmacht für den nächsten Tag, den 15. Februar 1943, vorzeigen können.

So wurde ich an jenem Tag, damals gerade 15 Jahre alt, Soldat. Zunächst bedeutete die Wehrmacht für mich Schutz vor den Plänen der SS, was manche im damaligen Regime mit Missfallen beobachteten. Das sollte sich nach dem 20. Juli 1944, dem Tag des Attentats auf Hitler, ändern. Von da an hatte die SS alle Vollmachten.

Während der Ausbildung befahl mir eines Abends der Stabsfeldwebel der Kompanie: »Hänssler, Sie treten morgen früh 5.00 Uhr vor dem Schulgebäude mit Ihrer Waffe an.« Nichts ahnend antwortete ich mechanisch: »Zu Befehl, Herr Stabsfeldwebel!« Ich konnte mir keinen Reim darauf machen, war aber am nächsten Morgen nicht wenig erstaunt, allein von einem Wehrmachtsauto abgeholt zu werden. Nach stundenlanger Fahrt wurde ich in einem großen Waldgebiet abgesetzt. »Sie warten hier, bis noch weitere dazukommen«, sagte der schweigsame Fahrer. Bald darauf fuhren noch andere Autos vor, bis wir acht Soldaten waren. Fragend, nicht gerade misstrauisch, warteten wir auf die Dinge, die da kommen sollten. Wir waren sehr vorsichtig, denn alle waren einander unbekannt. Dann trat aus dem Dunkel des Waldes ein Offizier: »Im Halbkreis sammeln!«, befahl er. Als dies geschehen war, zog er ein Papier aus seiner Brusttasche und las uns etwa wie folgt vor: »Tagesbefehl: Sie sind heute eingeteilt zu einem Erschießungskommando ... Wenn Sie sich weigern, werden Sie heute standrechtlich erschossen.«

Das also war das Seltsame, Geheimnisvolle, Bedrohliche, das nicht nur mich, sondern auch die mir unbekannten Kameraden ins Fragen gebracht hatte. Es war ein Schock für mich. Wenn ich in jenen

Augenblicken überhaupt denken konnte, dann ganz sicher: »Was jetzt passieren wird, ist großes Unrecht.« Wie bei einem Filmschnelllauf erinnerte ich mich plötzlich an Informationen, die ich in der Familie und unserem Freundeskreis aufgeschnappt hatte. Schon als 11-Jähriger wusste ich, dass Pfarrer Martin Niemöller in Dachau im KZ war. Auch ein Freund der Familie, ein Evangelist, kam 1939 mit seiner Frau ins Konzentrationslager Dachau.

Ich hatte von Menschen gehört, die mit dem Nazisystem nicht einverstanden und dann plötzlich verschwunden waren – eine Folge des Unrechtssystems. Von Massenerschießungen war mir andeutungsweise erzählt worden. Solche Gedanken rasten in Sekundenschnelle durch meinen Kopf. Und nun plötzlich war ich im Begriff, ein Teil dieser Diktatur zu werden. Ich begann in meinem Innersten zu Gott zu schreien, den ich eigentlich nicht kannte. Sicherlich, die Existenz Gottes war für meinen Kinderglauben kein Problem. Aber jetzt, in dieser Hölle von Unrecht, Mord, Gewalt und Gesetzlosigkeit?

Der Offizier führte unser »Kommando« eine kurze Strecke zu einem großen Steinbruch. Auf dem Weg dorthin sah ich in einer Waldschneise voll gepferchte Lastwagen aufgereiht, überfüllt mit Menschen, die an diesem Tag erschossen werden sollten. Wieder schrie ich zu Gott: »Gott, wenn du existierst, wenn es dich gibt, wenn du Realität bist und keine Fiktion, wie alle heute sagen, dann hol mich aus dieser fürchterlichen Situation heraus; ich will doch kein Unrecht tun!«

Im Steinbruch angelangt, versuchte man, uns einzuweisen, wie die Erschießung vor sich gehen sollte. Im großen Kreis rings um den Exekutionsplatz wachten etwa 200 Soldaten darüber, dass keiner der Delinquenten fliehen konnte. Gleichzeitig sollte es sie »abschrecken«!

Inzwischen waren wir als »Kommando« schon am angegebenen Platz aufgestellt und die ersten, dem Tode geweihten Menschen standen im Abstand von wenigen Metern viel zu nahe vor uns.

Wieder schrie ich zu Gott – es war ein Hilferuf in der Landsersprache, nicht gerade druckreif. Aber Gott hörte und erhörte auch die unkorrigierte Fassung meines Schreiens: Ein hoher Offizier ließ prüfend einen letzten Blick über die Vorbereitungen und die Akteure an diesem Mordplatz gleiten. An mir blieb sein Blick hängen; dann befahl dieser mir total unbekannte Mensch – ich wusste weder seinen Namen noch seine Wehrmachtseinheit, habe auch keinen Einzigen dieser Sondereinheit je wieder getroffen –: »Kommen Sie mal her!« Ich machte wenige Schritte auf ihn zu und vollzog die übliche Ehrenbezeugung, dann sagte er vor der versammelten Gruppe: »Schauen Sie mal dort rüber, dort liegt eine Schaufel, schaufeln Sie damit die Überreste weg, versorgen Sie die Toten, Sie brauchen nicht zu schießen.« (Wenn Verurteilte von mehreren Kugeln getroffen wurden, riss ihnen die Wucht der Geschosse bei dem knappen Abstand manchmal Fetzen aus dem Rücken heraus.)

Ich konnte meine Schusswaffe weglegen, die ich den ganzen Tag über nicht benutzen musste, und packte die Schaufel an. Das war für mich einfach ein unbegreifliches Wunder, ein direktes Eingreifen Gottes. 15 Sekunden später fiel die erste Salve.

Inmitten dieses Mordens – aufgrund der Nähe konnte ich fast jeden Gesichtsmuskel der Verurteilten beobachten – kann ich mich nur an einen Einzigen erinnern, der vor dem Tod keine Angst zeigte.

Angesichts des Erlebten sagte ich in meinem Herzen zu Gott: »Wenn ich dich auch nicht richtig kenne, ich will zu dir gehören.« Das war ganz bestimmt keine große theologische Aussage, aber schlicht, echt und angesichts des vielfachen Todes genauso ernst gemeint, wie es ausgesprochen worden war. Das war die entscheidende Weichenstellung in meinem Leben. Ich wusste: »Für Gott ist nichts unmöglich und kein Schlamassel zu groß, dass er dort nicht eingreifen könnte.« Gott hatte mein Schreien wunderbar erhört und mich aus meiner Not errettet! Das bedeutet nicht, dass ich von der Erinnerung an diese schrecklichen Ereignisse verschont geblieben wäre: Mehrere Jahre lang wachte ich nachts durch die Bilder dieses furchtbaren Erlebens auf, die sich im Detail in mein Bewusstsein eingegraben hatten.

Der Einzige der Erschossenen, der keine Angst zeigte, riss im letzten Moment vor der Todessalve die Hand hoch und schrie: »Es lebe Deutschland.« Doch nach zwei Salven von sieben Schützen lebte er immer noch; der Kommandoführer nahm seinen Revolver und tötete ihn mit einem Genickschuss. – Bilder, die unauslöschlich bleiben.

Gewiss beschäftigt mich dieses Erleben bis heute nach über 50 Jahren noch sehr stark. Viele Fragen sind für mich unbeantwortet geblieben: Warum musste ich nicht schießen, aber die anderen? Klar war mir, dass Gott das Steuer meines Lebens gewaltig herumgerissen hatte.

Etwa ein Jahr später, der Krieg war zu Ende und ich nach der Flucht bewahrt wieder zu Hause, fragte mich ein Geschäftsmann, Dr. Alfred Zechnall, ob ich eine persönliche Beziehung zu Jesus hätte. Er rannte mit dieser Frage offene Türen ein, traf sozusagen in vorbereitete Verhältnisse und in einem Gespräch unter vier Augen wurde die Schuldfrage in meinem Leben geklärt und ich überschrieb mein Leben meinem Herrn Jesus Christus. Das ist nun schon weit über 50 Jahre her. Nicht einen einzigen Moment in diesen vergangenen Jahren habe ich diese Entscheidung bereut.

Noch heute sehe ich die beiden, auf einem Notizzettel mit grünem Bleistift geschriebenen Bibelworte vor mir, welche mir Dr. Zechnall in seinem alten Opel P4 auf der Fahrt von Korntal nach Stuttgart gab.

Diese sollten Leitworte für mich werden:

»So wir aber im Licht wandeln, wie er im Licht ist, so haben wir Gemeinschaft untereinander, und das Blut Jesu Christi, seines Sohnes, macht uns rein von aller Sünde.« *(1. Joh. 1,7)*

»So wir aber unsere Sünden bekennen, so ist er treu und gerecht, dass er uns die Sünden vergibt und reinigt uns von aller Untugend.« *(1. Joh. 1,9)*

Das ist die Basis, auf der Gott ein Leben gestaltet.

Königsbronn

Königsbronn

In den letzten Kriegswochen wurde meine Einheit zur Schließung einer Frontlücke im Zusammenhang mit dem Vorstoß der 7. amerikanischen Armee unter Führung des berühmten Panzergenerals Patton nachts direkt dorthin transportiert.

Einzige Marschverpflegung: etwas Brot und Kaffeepulver in Rollen gepresst. Nichts sonst. Was folgte, waren Wochen zermürbender Vorstöße und Rückzüge, tagsüber pausenlose Tieffliegerangriffe der Amerikaner. Man konnte fast auf die Uhr schauen: Bei jeder Gegenwehr waren nach 15 Minuten die Jagdbomber zur Stelle und taten ihr Vernichtungswerk. Einmal befand sich meine Abteilung in der Nähe eines großen Bauernhofes, ein kurzer Angriff der Jagdbomber genügte, den Bauernhof in hell lodernde Flammen zu verwandeln. In einer Zeltplane trugen zwei Kameraden und ich einen durch Kopfschüsse getöteten Leutnant und baten die Bäuerin dafür zu sorgen, dass er begraben wird. Angesichts ihres bis auf die Grundmauern niederbrennenden großen Gutshofes sagte sie zu uns: »Arme Soldaten.« Das hat sich tief eingeprägt.

Dieses mörderische Katz- und Mausspiel dauerte einige Wochen, nur immer weiter östlich verlagert. Hoffnungslos für uns Soldaten, zusätzlich noch brotlos. Wir hatten absolut nichts mehr zu essen, tagelang, bei enormen Fußmarschleistungen.

Als wir nachts bis zum Halskragen im Wasser durch einen kleineren Fluss gewatet und unsere Uniformen anschließend durch die Kälte steif wie ein Brett gefroren waren, lagen wir erschöpft in einem Waldstück. Weil unser Kommandeur, ein hoch »dekorierter« Offizier, den Durchbruch aus dem »Kessel« der amerikanischen Panzer nicht geschafft hatte, reifte die Entscheidung zur Aufteilung in kleinere Gruppen. Unsere Freiwilligengruppe beschloss die risikoreiche Flucht. Tagsüber versteckten wir uns in dichten Waldgebieten, nachts traten wir dann den Rückmarsch Richtung Westen an, also in längst vom »Feind« überrolltes Gebiet. Wir sehnten uns nach nichts so sehr, wie nach Hause zu kommen, zumal unsere Eltern monatelang nichts von uns gehört hatten.

Als wir uns dann in einer Feldscheune versteckten und vor lauter Erschöpfung fest schliefen, bemerkten wir nicht einmal, dass ein amerikanischer Kommandotrupp diese Scheune durchsuchte. Glücklicherweise fand man uns nicht, aber uns wurde klar, dass wir so nicht weitermachen konnten. Am frühen Abend entdeckte uns der ganz verstörte Bauer, dem die Scheune gehörte, und erklärte überdeutlich, wir hätten sofort zu verschwinden, weil laut einem Plakatanschlag im Dorf das Verstecken von deutschen Armeeangehörigen mit dem Tod bestraft würde.

Wir verschwanden in der Dämmerung, immer noch schwer bewaffnet, um wenig später in einen größeren Trupp polnischer und russischer DP[1]-Männer zu geraten. Sie waren fast alle bewaffnet. Wir marschierten quer durch diesen Trupp durch; man konnte fast den Atem dieser Leute spüren. Keiner rührte sich, obwohl jeder den Finger am Abzug der Pistolen hatte, weder sie noch wir. Das war eine sehr bedrohliche Situation. Nach etwa einer Stunde Weitermarsch fuhr hinter uns ein Radfahrer her. Es war inzwischen stockfinster. Wie es sich herausstellte, war es ein Deutscher, der zu uns sagte: »Ihr seid verrückt. Der Krieg ist aus und ihr könnt so nicht weitergehen! In dieser Gegend haben so genannte Werwölfe[2] in der Nacht amerikanische Truppen angegriffen. Ihr seid in Lebensgefahr.«

Dann kam für uns das Wichtigste, er sagte: »Ich war auch deutscher Soldat, aber ich wurde bereits von der Besatzungsmacht entlassen.« Das löste die Entscheidung aus, auf den nächsten Kilometern Marsch unsere Waffen so auseinander zu montieren, wegzuwerfen, Zünder zu entschärfen, dass sie nie mehr irgend jemandem schaden konnten. Übrigens die erste demokratische Entscheidung unserer Gruppe.

Nach langen Nachtmärschen erreichten wir über das so genannte Härtsfeld kommend die heutige Bundesstraße Aalen – Heidenheim. Vor uns ein Tal, dazwischen eine Bahnlinie, dahinter wieder Wiesen. Uns fehlte der schützende Wald. Wir rannten einige hundert Meter über die Wiesen, die plötzlich von Fahrzeugen hell beleuchtet waren. Wie die Hasen lagen wir flach im Gras, um uns so klein wie möglich zu machen. Wir hörten 2-cm-Kanonengeschütze rattern und warteten eigentlich auf den finalen Schuss von hinten. Er kam nicht. Dann wurde es wieder dunkel; einer der Kameraden hatte dafür aber eine schlechte Nachricht: unser einziges Orientierungsmittel, eine Taschenuhr, war beim Rennen über die Wiesenfläche verloren gegangen. Wir brauchten sie dringend zur Orientierung, um nach Hause zu finden. Straßen und Dörfer mussten wir unbedingt meiden. Es blieb uns nichts anderes übrig, als die Wiesen um etwa 1.00 Uhr in der Nacht nochmals zurückzulaufen und die Uhr zu suchen. Es gibt leichtere Aufgaben. Nach etwa 100 m Sucharbeit war plötzlich wieder alles hell erleuchtet, wir warfen uns nieder, dann hörten wir Schüsse. Warum wir nicht entdeckt wurden, kann ich bis heute nicht beantworten.

Wir lagen noch da, als alles wieder stockdunkel war. Dann urplötzlich sagte der Soldat neben mir: »Hier liegt die Uhr.« Im Blitztempo rannten wir hinter den schützenden Bahndamm. Dort mussten wir uns in jeder Hinsicht erholen. Das gab viel zu denken.

Wie sagte doch Blaise Pascal: »Was unbegreiflich ist, ist darum nicht weniger wirklich.«

Es nahte die zweite demokratische Entscheidung unserer Gruppe. Wir sahen die Umrisse der ersten Häuser eines Dorfes (später stellte sich heraus, dass es Königsbronn hieß). Dort hatten wir vielleicht die Chance, Zivilkleider zu ergattern, die uns das Überleben garantieren konnten. Wenn ich es richtig in Erinnerung habe, machte ich selbst den Vorschlag, dass wir losen, wer diese Kleider, für nicht wenige, besorgen sollte. Auf jeden Fall traf das Los leider mich; dabei bin ich ein ausgesprochen schlechter Bettler, das behaupten wenigstens meine Angehörigen.

Um das erste Haus schlich ich, inzwischen wissend, dass es bei Todesstrafe verboten war, Soldaten aufzunehmen. Auch um das zweite Haus schlich ich, einfach ohne Mut. Meine Kameraden wurden schon unruhig, ich erkannte, dass ich schnell handeln musste, bei Tagesanbruch wäre es zu spät. So gegen zwei Uhr klopfte ich laut an der Haustür des dritten Hauses. Sehr erschreckt öffnete zaghaft eine Frau in mittleren Jahren einen Spalt weit die Tür. Doch immerhin so weit, dass ich im Treppenhaus ein Bild sah: »Missionszelt Immanuel«. Im Vordergrund der Verkündiger, Fritz Hubmer, den ich schon seit Kindesbeinen als Freund meiner Eltern kannte. Ich wusste, ich war im richtigen Haus gelandet. Die Frau besorgte uns rasch, auch aus Nachbarhäusern, die notwendigen Kleidungsstücke und auch etwas zu essen.

Viele Jahre lang stand ich mit diesen lieben Leuten, die inzwischen längst verstorben sind, im persönlichen Kontakt. Doch immer noch bestehen sporadische Kontakte zur Tochter dieser Frau. »Weg hat er allerwegen, an Mitteln fehlts ihm nicht.«

Es ist erstaunlich und macht dankbar, wenn Gott in vorbereitete Verhältnisse führt, selbst auf Wegen der Flucht.

---

[1] displaced person

[2] Werwölfe = Nazipartisanen

Versäumnisse –
oder: Auf der Suche nach Liebe

»Man kann alles richtig machen
und das Wichtigste versäumen!«
Alfred Andersch

Mit dem Notarztwagen wurde ich ins Lungenspezialkrankenhaus gebracht: Lebensbedrohende Lungenblutungen machten dies unumgänglich. Es war nicht besonders verwunderlich, dass im so genannten »Totenzimmer« des Krankenhauses meine vorläufige Bleibe war. Die Chancen, von dieser schweren Tuberkulose, die ich aus dem 2. Weltkrieg mitgebracht hatte, geheilt zu werden, waren minimal. Der großartige Chefarzt, der durch immer neue Blutungen stärker als gewollt mit mir beschäftigt war, gehörte nicht zur zimperlichen Sorte von Ärzten. Er sagte zu meinen Angehörigen: »Für den gebe ich keine fünf Pfennige mehr!«

In der Tat war mein Zustand so schlecht, dass ich wegen einer notwendigen Operation des rechten Lungenlappens nicht einmal von einer Abteilung des Hauses in die andere, die Chirurgie, transportiert werden konnte. Meine Eltern durften mich nur jede Woche für fünf Minuten besuchen, sonst wurde kein Besuch zugelassen, nicht einmal ein Seelsorger. Ich selbst war körperlich so schwach, dass ich kaum mehr fähig war zu beten. In einem lautlosen Gespräch mit dem Herrn über Leben und Tod sagte ich: »Du kannst mich wegnehmen, du kannst mich am Leben lassen, lieber Herr, mach es so, wie du es willst.« Tage später konnten mich meine Eltern besuchen, es kam ein Bruder und Geschäftspartner aus der Schweiz mit. Er betete am Schluss dieser wenigen Besuchsminuten und dankte Gott dafür, dass Gott ein Gott ist, der Wunder tut, auch ein Wunder an mir tun kann.

Und dieses Wunder tat Gott, das war die Wende der schweren Krankheit, ich durfte genesen. Die behandelnden Ärzte sahen es noch nach Jahren der ambulanten Behandlung als ein »Wunder« an, dass ich am Leben blieb, wie sie sagten. Zwar war ich fast sieben Monate dort im Krankenhaus, doch hatte ich nach meiner Genesung keine weiteren Probleme mit den Lungen. Und eine große Fügung Gottes war es, dass ich wegen der Transportunfähigkeit vor der damals als notwendig erachteten Wegnahme der einen Lungenseite nicht zum Krüppel wurde.

In diesem Krankenhaus, das inzwischen abgerissen wurde und einem Neubau weichen musste, ereignete sich nun die eigentliche Geschichte, die ich berichten will. Nach vielen Wochen durfte ich zeitweise das Bett verlassen, um im Gang »spazieren zu gehen«. Ein großer Erfolg. Manchmal bekam man auch Besuch von Hauspatienten in unserem 4-Bett-Zimmer. Um nicht nur die üblichen, endlosen und manchmal maßlosen »Tuberkulosegeschichten« zu hören, versuchten wir uns auch geistig rege zu halten. Es sollte noch gesagt werden, dass viele der Patienten Akademiker waren. Meine auf dem Nachttisch liegende Bibel lieferte natürlich durchaus auch Gesprächsstoff. Kurzum, wir begannen im Krankenhaus einen Gesprächskreis über biblische Themen. Erfahrung hatte ich zwar mit Jugendlichen, Jungscharlern, aber Akademikern? Häufig war dies dann auch kein Gespräch über biblische Themen, sondern mehr ein Disput über Kirche und Religion! Trotzdem sah ich darin eine Aufgabe, wenn man »schon Monate beieinander wohnt«. So viel ich überblicken konnte, war außer mir niemand im Krankenhaus, der Jesus Christus nachfolgen wollte. Niemand? Ja, doch, da war vielleicht doch einer, geistig nicht sehr bemittelt, körperlich eine Ruine. Als 23-Jähriger hatte er – wenn ich das noch richtig im Gedächtnis habe – nur noch zwei oder drei Zähne und einen fürchterlichen Mundgeruch. Er sah immer schmuddelig aus und, das war wohl noch das größere Übel, er war auf eine sehr plumpe Art besitzergreifend. Man musste immer Zeit für ihn haben und permanent Verständnis aufbringen für seine laute, unerzogene Art, und er konnte hin und wieder ein echtes Ekel sein. Ehrlich gesagt, ich war froh, wenn nicht allzu viele Mitpatienten mich mit ihm zusammen erblickten, man konnte kein Renommee damit einheimsen, die fragenden Blicke mir gegenüber redeten eine deutliche Sprache. Es blieb auch nicht bei solchen Blicken.

Tatsache war, so sehe ich es heute, dass dieser heimatlose Bursche, dem es im Krankenhaus bestimmt so gut ging wie sonst nie in seinem Leben, einfach Liebe suchte. Wir haben uns immer wieder getroffen und auch miteinander gebetet, aber irgendwie erwartete er, dass ich mehr Zeit mit ihm verbringe. Manchmal war er fast eifersüchtig auf den Gesprächskreis.

Es gab einmal im Krankenhaus einen Eklat, der Grund war mir unbekannt. Wolfgang, so hieß er, wollte sich aus dem Fenster im 3. Stock stürzen. Der ganze Körper hing schon über der Brüstung; an seinen beiden derben Schuhen konnte ich ihn gerade noch halten und zurückreißen.

Kurze Zeit später wurde ich aus dem Krankenhaus entlassen, durch die längere ambulante Behandlung bedingt, sah ich Wolfgang noch 1-2 Mal, dann riss die Verbindung ab, er war nicht mehr im Krankenhaus. Ich hatte seine neue Adresse nicht. Schreiben war nicht Wolfgangs Sache, ob er überhaupt richtig schreiben konnte?

Etwa ein Jahr später erreichte mich eine Karte, wohl von anderen geschrieben: Er wäre jetzt in einem Krankenhaus in H. und hätte in den nächsten Tagen eine schwere Nierenoperation vor sich. Ich wurde gebeten, ihn zu besuchen. Es brauchte eine Tagesfahrt dorthin, doch wie leuchteten seine schwarzen, schwermütigen Augen, als ich ins Krankenzimmer eintrat. Am nächsten Morgen sollte eine durch Tuberkulose zerstörte Niere herausoperiert werden. Es war ein gutes Beisammensein.

Wolfgang war so dankbar, als ich für ihn und für die folgende Operation betete. Man konnte den Eindruck gewinnen, ich wäre der einzige Mensch, mit dem er umgehen konnte. Seine Augen bettelten: »Besuch mich bald wieder.«

Indirekt hörte ich, dass die Operation gut verlaufen war. Wahrscheinlich wurde er in eine andere Klinik verlegt. Nie wieder hörte ich etwas von Wolfgang, ja, bis zu jenem Tag, als durch die deutsche Presse unter der Überschrift »Kindesentführung« die Meldung ging:

> Der etwa 26-jährige Wolfgang K. entführte aus
> unbekannten Gründen ein 7-jähriges Kind.
> Es muss davon ausgegangen werden, dass ihm
> mit dem Kind die Flucht nach Dänemark gelungen ist.

Das war die letzte Nachricht von Wolfgang. Alle Spuren waren verwischt.

Wenn ich heute darüber nachdenke, ist mir bewusst, dass ich hier vieles versäumt habe, dass Gott mich vielleicht auch um Wolfgangs willen in dieses für mich nicht nahe gelegene Krankenhaus gebracht hatte. Bestimmt gab und gibt es manche Entschuldigungsgründe meinerseits, meine Unerfahrenheit, mein junges Alter, meine jahrelangen ambulanten Behandlungen, aber eindeutig ist mir heute, viele Jahre später: Wolfgang hätte meine Zeit und meine Zuwendung viel mehr gebraucht als der akademische Gesprächskreis. Wenn ich Wolfgangs Leben überschreiben wollte, hieße wohl die entsprechende Überschrift: »Auf der Suche nach Liebe.«

Ein Wort der Heiligen Schrift hat sich mir persönlich tief eingeprägt seit diesem Erleben:

> *» ... Was ihr getan habt einem unter diesen meinen*
> *geringsten Brüdern, das habt ihr mir getan.«*
> *(Mt. 25,40)*

In den Bergen

In den Bergen

Die Bergwelt hat mich schon immer fasziniert, und es war deshalb nicht verwunderlich, wenn ich schon als Jugendlicher mit den damals recht begrenzten Möglichkeiten, zunächst in einem Steinbruch, später in den deutschen Alpen, meine Kletterübungen machte.

Disziplin und Konzentration lernt man beim Bergsteigen und das war für mich eine große Herausforderung, die mir lohnend erschien.

Mit der Zeit wurden die Klettereien immer interessanter und gewagter. Zusammen mit einem Freund verlegten wir unsere Aktivitäten ins Berner Oberland. Wir fuhren natürlich mit dem Fahrrad und hatten dort am Fels besondere Erlebnisse, deren Folgen man zum Teil als Kratzer noch heute an meinen Unterarmen sehen kann.

Im Bereich des Oeschinen-Sees im Berner Oberland konnten wir durch urplötzlich aufkommenden Nebel nicht mehr absteigen und hingen eine Nacht lang, ohne besondere Ausrüstung, in der Wand. Mein Freund holte sich dabei eine Lungenentzündung. Eine befreundete Familie, die uns liebenswürdigerweise aufgenommen hatte, brachten wir dadurch in große Nöte: Sie wussten nicht, wo wir in der Nacht geblieben waren, ob sie die Bergwacht alarmieren sollten oder ob wir überhaupt noch am Leben waren. In großem Vertrauen zu Gott und mit inständigem Bitten durchlebten sie diese Nacht, die wir ihnen leichtsinnigerweise »bescherten«. Unser guter Herr und seine starken Hände über uns haben alles gut gemacht.

Der Blick von den Bergen, die Aussicht auf die vielen Berggipfel, der Anblick der – von oben gesehen – kleinen Dörfer unten im Tal mit den winzigen Menschen, dann auch die wunderbaren Farben der Bergblumen, die sich bis an das Eis heranwagten oder an graue Felswände anschmiegten, all das gab uns ganz neu und immer wieder einen gewaltigen Eindruck von der unbegrenzten Größe und Kreativität des Schöpfers.

Wir steckten unsere Ziele höher. Da wir absolut kein Fahrgeld hatten, fuhren wir mit dem Fahrrad (noch ohne Gangschaltung damals) nach Zermatt im Wallis, dem Schweizer Eldorado der Bergsteiger. Wir waren überwältigt vom grandiosen Panorama der Viertausender.

Trotz Neuschnees beschlossen mein Freund und ich, die Dufour-Spitze des Monte Rosa (4637 m) zu besteigen. Nach stundenlangem Aufstieg zum Gornergrat, Abstieg zum Gletscher, Überquerung des Gorner-Gletschers, trafen wir in der Monte-Rosa-Hütte ein. – Ein kurzer Schlaf folgte, und um etwa 2.30 Uhr in der Frühe ging es an die »Eisarbeit«. Wir hatten natürlich Steigeisen und mussten abwechselnd Eisstufen schlagen. Wenn der zweite Mann am Seil nachrückte, waren sie meistens schon vom kräftigen, eisigen Wind wieder zugeweht worden. Überall bläulich schimmerndes, blankes Eis, ein herrlicher Blick im Mondschein zum Breithorn, Castor und Pollux und im Dunst weit entfernt erschien unser »Traumberg«: das Matterhorn.

Einmal brach unter mir, wahrscheinlich über einer sehr breiten Gletscherspalte, ein großes Schneebrett ab. Wie gut, dass wir angeseilt waren!

Nachdem die Sonne aufgegangen war, sah alles noch viel farbiger, herrlicher und großartiger aus. Nur das Wetter gefiel uns nicht. Nach Stunden des Stufenkletterns waren wir noch etwa 40 Höhenmeter unter dem Gipfel. Es kamen nun wieder Felsen zum Vorschein, für die wir eigentlich Kletterschuhe brauchten. Da sahen wir, dass sich ein kräftiges Unwetter entwickelte. So wehe das auch uns beiden tat, aber nach kurzem Gespräch beschlossen wir, sofort abzusteigen. Ein

Gewitter in dieser Höhe, im Eis, ohne jeden Schutz, ist doch recht gefährlich.

Schnell ging es am Seil abwärts. Da entdeckten wir auf dem Westkamm eine Zweierseilschaft, die sich zusammengekauert an den Fels anschmiegte. Wir konnten sie so nicht lassen und kletterten zu ihnen hin. Zum ersten Male begegnete uns das so genannte »Bergangst«-Phänomen: Ein Mensch klammert sich, angsterfüllt, irgendwo fest, geht keinen Schritt vorwärts, keinen zurück. Oft geschieht dies beim Abstieg, wenn man nicht mehr nach oben schaut zum Zielgipfel, sondern nach unten in die gähnende Tiefe. Aus dem Lehrbuch wussten wir, dass man diese Angst eigentlich nur durch eine noch größere Angst vertreiben kann. Nachdem gutes Zureden absolut nichts half, drohten wir schließlich mit dem Eispickel. Eine Nacht im Schneesturm wäre der sichere Tod der beiden gewesen. Die schreckliche Angst vor unseren kalten Eispickeln wirkte Wunder. Wir kletterten zusammen behände nach unten. Kaum hatten wir die Eisregion verlassen, als der eiskalte Wind Neuschnee in Massen heranpeitschte. Unten im Tal schüttete es in Strömen. In der Jugendherberge angelangt, genehmigten wir uns den Luxus einer Limonade, nach der Schwitzpartie hatten wir wahnsinnig Durst. Die geretteten Bergsteiger kamen an unseren Tisch und drückten uns dankbar und glücklich ganz fest die Hände.

Während wir uns etwas ausruhten und entspannten, immerhin hatten wir den Abstieg von über 3000 Höhenmetern im Eiltempo hinter uns bringen müssen, kamen zwei Mädchen auf uns zu. Sie wussten, für uns zunächst unerklärlich, dass wir auf dem Monte Rosa bzw. beinahe auf dem Gipfel gewesen waren. Es entspann sich etwa folgendes Gespräch:

»Woher wisst ihr das?«, fragte ich.

»Wir haben euch lange vom Gornergrat aus durch das große, dort aufgestellte Fernrohr beobachtet.«

»Wir haben gesehen, wie ihr viele Stufen schlagen musstet«, sagte das zweite Mädchen. »Das muss schön anstrengend gewesen sein.«

»Ja, das war schon anstrengend.«

»Wir waren gestern auf dem Theodulpass.«

Ich dachte: »Das ist ja mehr ein Spaziergang.«

»Warum habt ihr uns eigentlich nicht gefragt, ob wir diese Tour mit euch machen wollten?«

»Weil wir euch ja vorher noch nie gesehen hatten.«

Ein schneller Blick auf ihre etwas hoch ausgefallenen Schuhabsätze mahnte mich, eine etwas drastischere Form des Berichtes über die Erlebnisse dieses Tages zu wählen.

»Theodulpass und Monte Rosa sind zwei Paar Schuhe. Beim einen kann ich bergwandern, beim anderen, besonders bei der von uns gewählten Route, braucht man einige Übung mit Seil, Eispickel und Steigeisen.«

»Ach, das hätten wir auch geschafft.«

Mein Freund wurde langsam unruhig ob so viel Unerfahrenheit und Selbstüberschätzung. Er rutschte auf der Bank hin und her.

Ich wollte vom Thema ablenken und fragte nach dem Woher und Wohin.

»Wir wollen morgen früh weiterfahren ins Berner Oberland. Dort wollen wir die ›Jungfrau‹ – 4158 m hoch – besteigen.«

Wir merkten plötzlich, wie brisant unser Gespräch wurde. Dieser Berg braucht, besonders von der Nordseite her, gut trainierte und erfahrene Bergsteiger. Wir selbst hatten dort schon mehrfach abgehende Schneelawinen beobachtet.

»Ihr habt ja völlig den Verstand verloren!«, sagte mein Freund. »Mit solchem Schuhwerk ist doch nur ein Spaziergang drin!«

»Ihr müsst uns doch auch etwas zutrauen«, sagten die beiden Mädchen.

»Es ist keine Frage des Zutrauens, sondern vor allem der Ausrüstung, des bergsteigerischen Könnens, der Bergerfahrung, der Kondition und der Vernunft.«

»Wir bitten euch, lasst das bleiben! Ihr bringt euch und andere nur ins Unglück.«

»Wir werden schon vorsichtig sein, und ganz bestimmt werden wir das packen.«

»Nein, macht doch diesen Blödsinn nicht, das ist doch viel zu gefährlich!«, sagte mein Freund, der sehr entsetzt war. »Ich kann das nicht mehr mit anhören. Gegen Dummheit kämpfen Götter selbst vergeblich!« Mit diesen Worten stand er auf, drehte sich um, ging die Treppe hoch in den Jungenschlafsaal. Mir war ungemütlich zu Mute. Ich sah immer den Fels, das Eis der Jungfraunordwand und zugleich die hohen Schuhabsätze.

»Macht das bloß nicht, lasst es doch bleiben!«

Meine Gegenüber waren etwas eingeschnappt, vielleicht dachten sie, dass wir zwei Monte-Rosa-Bergsteiger alles etwas, vielleicht männlich-angeberisch, Furcht erregend übertrieben hätten.

Andere Jugendherbergs-Besucher, die mithörten, schüttelten nur den Kopf und verschwanden kommentarlos.

Ich selbst versuchte noch einige Zeit lang, auf die beiden einzureden, ohne jeden Erfolg. Selbst auf härteste Argumente reagierten sie nicht. Ich erinnere mich noch gut, dass mein letzter Satz, ehe ich den Raum verließ, um meine müden Knochen endlich schlafen zu legen, an sie war: »Wenn ihr beide trotz allem diesen Berg zu besteigen wagt, dann lasst bitte gefälligst in der Herberge unten gleich eure Todesanzeige liegen.«

Dann legte ich mich schlafen, denn mein Körper forderte sein Recht.

Am nächsten Morgen fuhren die beiden auf der Straße nach Visp noch an uns vorbei, grüßten etwas reserviert: Das war aber dann das Letzte, was wir von ihnen sahen.

Wenig später sahen wir in der Zeitung folgenden Bericht:

Zwei Bergsteigerinnen vermisst

Grindelwald (AP). Zwei deutsche Schülerinnen, die 17-jährige Hildegard P. und die 19-jährige Marlen M. sind von einer Besteigung der Jungfrau am 24. August nicht zurückgekehrt. Das wurde erst jetzt (Zeitungsnotiz vom 21. September) bekannt. Die beiden Mädchen, die aus der Gegend von Köln stammen sollen, haben die Besteigung ohne Bergführer und ausreichende Ausrüstung unternommen. In der Eiergletscher-Hütte, etwa 1 000 Meter unter dem Gipfel der Jungfrau, hinterließen sie im Bergbuch eine Eintragung, nach der sie sich am 24. August um 16.00 Uhr zur Gipfelbesteigung aufmachten.

So etwas hatten wir nun doch nicht erwartet. Unsere erste Reaktion war: »Wie kann man nachmittags um 4.00 Uhr aufbrechen? Welche Dummheit – wenn schon, dann morgens um 4.00 Uhr!«

Natürlich machten wir uns dann weitere Gedanken und Vorwürfe. Was hätte man noch tun können, um die beiden abzuhalten? Was haben wir versäumt? Warum haben sie nicht auf unsere Argumente gehört? Haben wir falsch argumentiert?

Noch viele Fragen bewegten mich; und immer mehr sah ich darin auch ein Bild für geistliche Vorgänge in einem Menschenleben. Wie oft hat Gott mich vor eigenen Wegen gewarnt und ich bin sie doch gegangen, Wege, die ohne die rettende Hand von Jesus in den Tod geführt hätten.

Dieses Erlebnis in den Bergen habe ich seither immer als Warnung gesehen, dass eigene Wege, von denen wir uns nicht abbringen lassen, immer in den Tod führen. Ich denke dabei auch an so manche junge Menschen, die irgendwann »ausgestiegen« sind und dann innerlich abstürzten. Die Stimme des guten Hirten und seine starken Arme wollen uns aus den Felswänden der Verirrung herausholen.

»Wer aber seines Weges nicht achtet, wird sterben.«

(Spr. 19,16)

Der
Krankenbesuch

In der christlichen Gemeinschaft des Dorfes, die in einer Erweckungszeit entstanden war, gab es auch einen Jugendkreis. Da nicht sehr viele Jugendliche regelmäßig teilnahmen, hatte man die Altersgrenze nicht so genau festgelegt. Man war altersmäßig nach unten und oben recht offen. Eigentlich schadete dies der Arbeit überhaupt nicht. Es war ein durchaus gemischtes Publikum. Es gab Besucher, die selbst erwählte Hobbytheologen waren oder nur sein wollten und andere, die einfach Abwechslung in der Gemeinschaft junger Leute suchten, wieder andere, die entweder »null Bock« auf irgendetwas hatten und solche, denen man zunächst beibringen musste, dass die Bibel zwei Teile hat: ein Altes und ein Neues Testament.

Eher zur letzteren Gruppe gehörte mein Freund Bernhard, der immer wieder an den Jugendabenden auftauchte. Bei Ausflügen konnte man ihn, der in seiner Familie ganz gewiss vieles entbehren musste, sehr gut gebrauchen, denn kräftemäßig und sportlich war er spitze. Eines Abends rückte Bernhard mit einem besonderen Anliegen heraus: »Könntest du nicht einmal meinen Freund besuchen?«

»Warum?«, fragte ich.

»Er ist krank und liegt im Krankenhaus.«

»Was fehlt ihm?«

»Er ist ziemlich krank; ich weiß nichts Genaues, irgendetwas mit der Lunge.« »Warum soll ich ihn besuchen?«

»Weißt du ...«, sagte er stockend, »er ... er weiß nichts von der Bibel.«

»Wie meinst du das?«

»Du würdest sagen: Er weiß nichts von Jesus.«

Dann war Funkstille.

Ich muss gestehen: Krankenbesuche und Beerdigungen waren nie so mein Spezialgebiet. Deshalb entsprach diese Bitte nicht gerade meiner Wunschvorstellung. Innerlich habe ich mich damit entschuldigt, dass man ja seine Gaben für Gott einsetzen soll, und Krankenbesuche waren nun mal nicht meine Gabe. Das war's dann.

Natürlich dachte ich an Bernhards Bitte, aber Priorität in meinem vollen Terminkalender hatte sie nicht. Als Bernhard mich das nächste Mal sah, erinnerte er mich nicht – und ich ihn auch nicht. Dann, beim übernächsten Mal, musste die Frage kommen: »Könntest du nicht meinen Freund besuchen?«

Diesmal fragte ich wenigstens noch nach dessen Vor- und Zunamen und dem Namen des Krankenhauses, in dem er lag.

Nicht gerade beglückt machte ich mich dann Tage später auf, um das Versprechen einzulösen und fuhr in die Stadt. Endlich fand ich das Krankenzimmer und darin Bernhards Freund. Seine Mutter saß neben dem Bett, in dem der schwer atmende etwa 18-Jährige lag. Die Diagnose: Lungenkrebs im letzten Stadium.

Da ich wusste, dass die Mutter einer anderen Religion angehörte, fragte ich sie, ob ich ihrem Sohn eine Bibelspruchkarte geben und ihm etwas aus der Bibel vorlesen dürfe. Sie bejahte. Ich stellte ein Jesus-Wort auf den Nachttisch des Schwerkranken und sagte ihm dieses Wort auch.

Plötzlich öffnete sich die Tür des Krankenzimmers, zwei Geschäftskollegen des Patienten kamen recht geräuschvoll ins Zimmer. Entweder waren sie sehr unsensibel oder sehr unsicher in ihrem Verhalten. Sie stellten mit Getöse eine Weinflasche auf den Nachttisch und mit grinsendem Gesicht meinte einer der beiden (allerdings in breitestem Schwäbisch): »Kerle, wenn du die ausgesoffen hast, dann geht's dir wieder besser!«

Es folgten einige »Aufmunterungen«:

»Immer Kopf hoch, es wird schon wieder. – Alles Gute, auch von deinen anderen Kumpeln.«

Irgendwie war ihr Repertoire doch bald erschöpft, und nach einer Kunstpause verabschiedeten sie sich von ihrem kranken Kollegen. Selten ist mir die Sprachlosigkeit von Menschen, die ohne Gott leben wollen, so deutlich geworden wie angesichts des nahenden Todes.

Der Kranke aber spürte etwas von der Hohlheit dieses Geredes und schaute fortwährend auf die Bibelspruchkarte, als wolle er sie aufsaugen.

Im Zimmer stand noch ein anderes Bett, das ich anfänglich nicht richtig beachtet hatte. Darin lag ein etwa 50-jähriger Mann, absolut unbeweglich, ohne weitere Lebenszeichen. Wie ich später erfuhr, war er seit drei Wochen im Koma, mit vermutlich inoperablem Hirntumor.

Nach dem »Abzug« der Kollegen konnte ich noch kurz mit dem 18-Jährigen sprechen. Seine Mutter schien sehr dankbar für meinen Besuch zu sein.

Ehe ich mich verabschiedete, nahm ich meine Taschenbibel und las den Psalm 23 vor.

Der Herr ist mein Hirte,
mir wird nichts mangeln.
Er weidet mich auf einer grünen Aue
und führet mich zum frischen Wasser.
Er erquicket meine Seele.
Er führet mich auf rechter Straße
um seines Namens willen.
Und ob ich schon wanderte im finstern Tal,
fürchte ich kein Unglück;
denn du bist bei mir,
dein Stecken und Stab trösten mich.

Du bereitest vor mir einen Tisch
im Angesicht meiner Feinde.
Du salbest mein Haupt mit Öl
und schenkest mir voll ein.
Gutes und Barmherzigkeit werden mir
folgen mein Leben lang,
und ich werde bleiben im Hause des Herrn immerdar.

Als ich anfing zu sagen: »Der Herr ist mein Hirte, mir wird nichts mangeln ...«, geschah etwas für mich bis heute Unerklärliches und auch Erstaunliches für Bernhards Freund und seine Mutter. Der Mann, der seit drei Wochen im Koma lag, bewegte sich, setzte sich im Bett auf, faltete seine Hände zum Gebet und betete den Psalm mit. Als der Psalm zu Ende war, suchte der Mann meine Hände, drückte sie und sagte: »Ich danke Ihnen ganz herzlich!« Dann legte er sich wieder zurück und erschien mir so unbeweglich wie zuvor.

Irgendwie hatte ich den Eindruck: »Gott ist in diesem Raum.«
Als ich das Zimmer verließ und nochmals auf Bernhards Freund zurückschaute, lag sein Blick nicht auf der Zimmertür, sondern auf der Postkarte mit dem Bibelwort.

Mir wurde dies Erleben zu einer Demonstration der bleibenden Kraft des lebendigen Wortes Gottes, wie Jeremia im Auftrag Gottes berichtet:

»Ist mein Wort nicht wie ein Feuer, spricht der Herr, und wie ein Hammer, der Felsen zerschmeißt?« *(Jer. 23,29)*

Zwei Wochen später wurde Bernhards Freund in die Ewigkeit abgerufen.

Du bist
mein Ziel, mein Gott!

Größere Jugendtreffen, die sich über Jahrzehnte hinweg bewährt haben, sind meist geprägt von einer Besonderheit. Bei dem Jugendtreffen, das seit Jahren unter dem Namen »DYNAMIS« abgehalten wird (seit 1951 hat dieses Treffen jährlich stattgefunden), lag von Anfang an eine starke Betonung auf dem Singen. Dazu gehörten immer auch neue Lieder, die oft zu diesem Anlass zum ersten Mal überhaupt öffentlich gesungen wurden. Meine ehrenamtliche Aufgabe war es über viele Jahre, diese neuen Lieder, natürlich auch bekanntere, mit den Teilnehmern zu singen – das hieß dann auch einzuüben. Dazu wurde ein Ansingchor mit 120 jungen Leuten, mit 60 Mädchen und 60 jungen Männern, gegründet, um mit den meist mehreren Tausend jungen Teilnehmern diese Lieder so schnell wie möglich singen und auch so vortragen zu können, dass es eine Freude für alle Beteiligten war. Dieser so genannte Ansingchor fand sich vor dem eigentlichen Jugendtreffen für ein ganzes Wochenende zusammen, um dort diese neuen Lieder so gut wie möglich einzustudieren.

Bei einer dieser Vorbereitungsfreizeiten, die im Freizeitheim Friolzheim bei Pforzheim stattfand, kam ich bei der Hinfahrt unerwartet in einen großen Stau auf der Autobahn. Es war eine Situation, wie sie mir überhaupt nicht behagte. Es ist mir immer außerordentlich zuwider, wenn ich irgendwo zu spät komme. Im Auto hatte ich noch einige junge Leute, die auch an diesem Singwochenende teilnehmen wollten. Nach allem Dafürhalten würde eine enorme Verspätung unumgänglich sein.

Der Stau war für mich als sehr bekannten Schnellfahrer eine unliebsame Überraschung. Kurz entschlossen setzte ich auf den rechten Randstreifen über und überholte rechts alle im Stau stehenden Fahrzeuge auf einer Länge von etwa einem Kilometer. Dies ging alles auch relativ gut, bis zur nächsten Autobahneinfahrt, wo sich natürlich auch ein Stau gebildet hatte. Es blieb mir nichts anderes übrig, als mich dort in die Fahrspur wieder richtig hineinzudrücken, etwas, was mich bei anderen Autofahrern immer sehr ärgert. Natürlich hatte ich schon ein ganz schlechtes Gewissen. Durch den Rückspiegel wollte ich lieber nicht beobachten, welche Reaktionen der nach mir kommende Fahrer zeigte. Kurz darauf wagte ich dann einen Blick in den Rückspiegel, in der Annahme, irgendeinen tobenden Fahrer zu entdecken; das war aber nicht der Fall. Es waren drei Mädchen und ich hatte gleich intuitiv ein ungutes Gefühl bei der Sache. Sollten die etwa auch zum Singwochenende fahren? Meine Ahnung war zuverlässiger als mein Wissen.

Inzwischen stand der gesamte Verkehr. Ich stieg aus dem Auto aus und begrüßte die nach mir Fahrenden, um womöglich irgendetwas wiedergutzumachen. Dabei stellte ich die Frage: »Wo fahren Sie hin?« Es musste ja eigentlich die fast schon befürchtete Antwort kommen: »Wir fahren zu einem Singwochenende in die Nähe von Pforzheim.« Das anscheinend Unvermeidliche passierte also. Ich fühlte mich nicht sehr wohl in meiner Haut.

Während der Singfreizeit stellte sich schnell heraus, dass eines dieser Mädchen eine besonders gute Stimme hatte. Deshalb bat ich sie auch um einen solistischen Beitrag, in dem der Chor summte und sie als Solistin ein neues Lied sang – ein Lied, das bis dahin in Deutschland noch ganz unbekannt war: »Du bist mein Ziel, mein Gott.« Das Lied hat sich dann auch recht gut eingesungen, und der Chorklang war den Verhältnissen entsprechend sehr ordentlich. Wir hatten ein schönes Wochenende mit guten Bibelarbeiten und einer fröhlichen geistlichen Gemeinschaft.

Beim großen DYNAMIS-Treffen sind viele junge Leute sehr rasch auf dieses eingängige Lied »angesprungen«. In diesem Lied ist ja auch eine ganz besondere Aussage des Vertrauens Gott gegenüber enthalten und die Gewissheit, dass er selbst uns »keine Zeit alleine« lässt. Auf diesem Singwochenende entstanden einige Freundschaften. Der Chorsatz dieses Liedes war so angelegt, dass auch gleiche Stimmen, in diesem Fall einige Mädchen, dieses Lied mehrstimmig singen konnten, was sie ausgiebig taten. Die Solistin, ihr Name war Dorle, wurde selbst stark von diesem Lied angesprochen. Sie war Krankenschwesternschülerin und 19 Jahre alt.

Kurze Zeit später bekam Dorle während einer Auslandsfreizeit starke Kopfschmerzen. Die Diagnose der Ärzte war: ein großer, schnell wachsender Gehirntumor. In dieser schwierigen Situation, soweit sie schmerzfrei und bei Bewusstsein war, hielt sich Dorle an dieses Lied und machte es sozusagen zu ihrem Lied. Nach der schweren Operation fiel dann dieses fröhliche junge Mädchen in ein Koma und reagierte von da an nicht mehr bewusst. Als die Freundinnen im Krankenhaus ihr das besagte Lied sangen, entspannte sich ihr Gesichtsausdruck noch zu einem leichten Lächeln. Bald darauf ist sie heimgegangen.

Es war für uns alle ein Schock, obwohl wir wussten, dass in diesem Lied auch steht, dass »Gott, der Herr, **alle Zeit** mein Alles sein will«. In der Todesanzeige der Tageszeitung war der erste Vers dieses Liedes abgedruckt und bei der Trauerfeier in Dorles Gemeinde, am Sonntag nach der Beerdigung, sangen ihre neu gewonnenen Freundinnen dieses Lied. Schon vor der schweren Krankheit hatte Dorle dieses Lied zusammen mit einer Freundin auf einer Musikkassette aufgenommen, die nach ihrem Heimgang für ihren Freundeskreis und die Ärzte des Krankenhauses kopiert wurde.

Es war bewegend zu sehen, welche Wirkungen ein Lied in einem jungen Menschenleben haben kann und wie Sätze, die man oft so leicht dahinsingt, zur Lebensrealität im letzten Sinn werden können.

Sie werden verstehen, dass ich zu diesem Lied jedes Mal, wenn es im Gottesdienst gesungen wird, eine ganz besondere Beziehung habe.

Diese Geschichte begann für mich im Stau auf der Autobahn in der Nähe Stuttgarts und geht weiter in der Erinnerung an die so früh abgerufene Nachfolgerin von Jesus, Dorle.

An diese Aussage: »Du bist mein Ziel, mein Gott«, werde ich noch nach Jahren immer wieder erinnert. Fast jedes Mal, wenn unsere Tochter Susanne, die auch so gerne singt und auch eine der Freundinnen von Dorle war, uns besucht, wird der Blick ganz neu gelenkt auf den einzigen Halt, der im Leben und im Tod trägt.

Du bist mein Ziel, mein Gott.
Du bist mein Halt, mein Gott,
Du lässt mich keinen Tag allein.
Du gibst mir Kraft, mein Gott,
und ich vertraue dir.
Du willst Herr, allezeit mein Alles sein.

Ich bin dein Kind, mein Gott,
bin dein Geschöpf, mein Gott.
Ich bin vor dir unendlich klein.
Du machst mich groß, mein Gott,
und machst mein Leben reich.
Du willst Herr, allezeit mein Alles sein.

Ich preise dich, mein Gott.
Ich danke dir, mein Gott,
und stimme in das Loblied ein,
das alle Welt dir singt,
denn staunend fasse ich:
Du willst Herr,
allezeit mein Alles sein.

Das Wort

Das Wort

Im Jahre 1959 fand in Stuttgarts Mitte – auf dem so genannten Karlsplatz – eine Evangelisation im Freien statt. Anton Schulte war der Evangelist und seine Arbeit stand in besonderer Weise unter dem Segen Gottes. Mitten im Stadtzentrum wurde 14 Tage lang das Evangelium weitergesagt. Dann musste noch um eine Woche verlängert werden, weil viele Menschen kamen und jeden Abend etwa zweitausend Zuhörer da waren, manchmal sogar mehr.

Meine Frau und ich waren als Mitarbeiter, als Seelsorgehelfer, dabei. Häufiger musste ich auch die Orgel, die im Freien aufgestellt war, zu den gemeinsamen Liedern und den solistischen Beiträgen spielen. Es war wirklich erstaunlich, wie viele Menschen aus »purem Zufall« in diese Menschenmenge gerieten. Das erste Wunder war, dass sich eine ganze Reihe von verschiedenen Gemeinden gemeinsam verantwortlich wussten für diese Arbeit, für diesen Vorstoß mit dem Wort Gottes. Das zweite Wunder war, dass jeden Abend Menschen zum lebendigen Glauben an Jesus fanden. Bis heute haben wir mit einigen von ihnen mehr oder weniger regelmäßigen Kontakt.

Dass mitten im Stadtzentrum eine solche Menschenansammlung zum Gesprächsthema wurde, war eigentlich zu erwarten. Zu erwarten war auch, dass bestimmt viele, auch manche Frommen, mit der Art der Verkündigung, mit dem Veranstaltungsort, mit dem Aufruf zur Entscheidung ihre Probleme haben würden. Bei solchen Anlässen gibt es zwar etliche Verantwortungsträger, aber oft noch mehr Bedenkenträger. Es war auch zu erwarten, dass Störungen eintreten würden. Solange diese nur von Einzelpersonen ausgingen, war das weiter nicht schlimm. Im Laufe der Abende hatte sich aber eine Gruppe junger Männer gesammelt, die bewusst stören wollten. Noch war nicht klar, aus welcher Motivation heraus sie das taten. Da ich mich mit verantwortlich fühlte, mischte ich mich an einem Abend unter diese Ansammlung und stellte dann fest, dass das eine kommunistische Gruppe war, deren Kern zwar relativ klein war, die aber doch eine Reihe von Sympathisanten und Neugierige in ihren Bann zog. Für das Evangelium hatten sie nur Hohn und Spott übrig. Nicht alle, es waren durchaus auch einige hörbereite Jugendliche dabei. Die Aufwiegler gaben ihre Kommentare sehr lautstark ab, und insoweit störten sie die ganze Veranstaltung. Bald war ich nach Ende der Evangelisation von einer ganzen Gruppe dieser Ideologen umringt. Mir fiel im Augenblick nicht viel ein, wie ich dieser »Überzahl« gegenüber argumentieren sollte und kam auf keine bessere Idee, als sie zu uns in unser Privathaus zu einem offenen Gespräch einzuladen. Obwohl das über 20 km entfernt war, kamen doch einige, wobei ich natürlich schon deutlich machte, dass sie ihre Sprecher senden bzw. mitbringen sollten. So kamen also an einem Abend eine ganze Reihe – wie viele es genau waren, kann ich nicht mehr sagen – zu uns in unser Wohnzimmer. Die Burschen rauchten so stark, dass ich anschließend den Eindruck hatte, meine Lungen wären in der Räucherkammer gewesen. Bald stellte sich heraus, dass einer der Wortführer war – schätzungsweise 32 Jahre alt, asketischer Typ, intelligent und »sehr gut zu Fuß unter der Nase«; er war ungeheuer redegewandt. Von Anfang an war mir klar: dem kann ich überhaupt nichts entgegnen, dazu fehlt mir jede Begabung. In nicht unarroganter Weise gab mir der Sprecher zu verstehen, dass er in Moskau Logik und Rhetorik studiert hätte und schon 35 Mal wegen kommunistischer Umtriebe verurteilt worden sei und sich als ausgesprochener Überzeugungstäter fühle. Dieses Gespräch wurde immer mehr zu einem Dialog, weil die anderen nur zuhörten und höchstens kürzere Äußerungen von sich gaben. Dieser Mann benutzte die üblichen Schlagworte wie: »Religion ist Opium für das Volk.« Seine Gedankenführung war fast wie auf dem Schachbrett. Er argumentierte überaus logisch, aber dann machte er wiederum unlogische Sprünge, die aber so gut versteckt waren, dass ich anfänglich einige Male darauf reinfiel. Er war sich seiner Rhetorik und Dialektik absolut sicher, dass er mir zur Bestätigung seiner Beweisführung wörtlich erklärte: »Ich beweise Ihnen in fünf Minuten, dass Sie ein Kaninchen sind, Sie können mir nicht widersprechen!«

Es waren schon etwa zwei Stunden vergangen und ich hatte, wie auch meine Frau, den Eindruck, dass alles vergeblich war. Dann versuchte ich ganz persönlich, zeugnishaft zu erzählen, was Gott mir für mein Leben bedeutet; dass ich ohne ihn nicht leben könne und wolle. Ich sagte, dass Jesus Christus die Freude meines Lebens sei. Darauf antwortete er: »Ich lebe nach dem Lustprinzip. Wenn es mir Lust macht, dann zünde ich das Haus meines Nachbarn an, da habe ich überhaupt keine Hemmungen. Hauptsache, es macht Spaß.« Es ging dann so weiter, dass er theologische Sätze von sich gab, wie sie mir von der liberalen bzw. der historisch-kritischen Methode in der Theologie her gut bekannt waren. Er wollte auf jeden Fall beweisen, dass Jesus, wenn er wirklich gelebt hatte, eben nur ein Mensch gewesen war und sonst nichts weiter. Innerlich schrie ich zu Gott um Weisheit und seine Gegenwart in dieser Situation. Ganz aggressiv und mit schnellen Worten sagte der Anführer dann zu mir: »Bitte, was wollen Sie denn, Jesus war ein Mensch und sonst nichts, es gibt keine Stelle in der Bibel, wo etwas anderes gesagt wird, oder sagen Sie mir das in fünf Sekunden?« In diesem Augenblick kam mir, wirklich eingegeben von Gott, eingehaucht durch seinen Geist, dieses Wort, das ich dann blitzschnell zitierte: »Jesus Christus spricht: Mir ist gegeben alle Gewalt im Himmel und auf Erden!«

Nach über zweistündigem Gespräch, besser gesagt einer Debatte, war zum ersten Mal eine echte Funkstille im Raum. Für mich war das ein Geschenk des Himmels und gleichzeitig eine neue Bestätigung für die Kraft des lebendigen Wortes Gottes, das bleibt bis in Ewigkeit. Dieses Wort ist und bleibt Kraft, Freude und Fundament für mein Leben.

Übrigens, wenn Sie nach den Folgen dieses Abends fragen, kann ich nur sagen, dass einer der »Sympathisanten« später noch zu Gottesdiensten kam und was in dieser dreiwöchigen Verkündigungszeit wichtig war: die massiven Störungen dieser Gruppe hörten auf.

Kein
hoffnungsloser Fall?

Vor Jahren erkannten meine Frau und ich die Not auf den Straßen unserer nächtlichen Großstädte. Wie viele junge Menschen schlittern in Verstrickungen hinein, die so gute, hoffnungsvolle Lebensperspektiven kaputtmachen: Vergnügen als billiger Ersatz für Glück.

Mit einer Gruppe motivierter jüngerer Leute versuchten wir, auf den Straßen und in entsprechenden »Lokalen« Menschen anzusprechen, um ihnen auf irgendeine Weise zu zeigen, dass Jesus sie liebt. Eigentlich wollten wir nur singen, musizieren, von Jesus erzählen.

Dabei ergaben sich so viele persönliche Gespräche und Nachkontakte, dass wir nach einigen Jahren diese Arbeit aufgeben mussten, weil wir sehr viele Beziehungen und Verbindungen, die dadurch entstanden waren, weiterführen wollten. In die so genannte Nacharbeit musste natürlich viel Zeit investiert werden. Zwei Dinge sahen wir deutlich: Man braucht ein Vielfaches an Zeit, Kontakte weiterzuführen, gemessen an dem Zeitaufwand für die nächtlichen Dienste auf den Straßen. Dann: Es waren viel mehr jüngere Menschen, auch aus so genannten behüteten Familien, zu »Aussteigern« geworden, als wir uns das aus unserer mehr »ländlichen« Perspektive vorstellen konnten.

Es war kurz vor Weihnachten, eine Zeit, in der viele »Aussteiger« und »Abgestürzte« besonders ansprechbar sind. Wir zogen wieder mit der kleinen Gruppe unseren Weg über die nächtlichen Straßen und in die Lokale, wobei der Ausdruck »Lokal« in diesem Fall sehr hoch gegriffen war. Wir hatten kleine Geschenke dabei, auch Traktate und machten damit durchaus gute Erfahrungen. Es war schon empfindlich kalt, als wir unsere Runde drehten. Wir sangen und redeten vom Heiland der Welt. Manche Träne lief über die Wangen dieser gestrandeten Menschen, die schon bessere Zeiten erlebt hatten; in manche Gesichtszüge hatte sich das »Nachtleben« wüst eingegraben. Trotzdem gab es vom Evangelium her immer wieder einen Anknüpfungspunkt. Weihnachten ist eine Zeit, in der Erinnerungen an biblische Geschichten aus dem Kindergottesdienst und der Schule wieder wach werden. Altvertraute Weihnachtslieder öffnen verkrustete Herzen.

Bei manchen Begegnungen empfand ich ein gewisses Heimweh nach »Verlorenem« bei meinen Gesprächspartnern. Während wir durch den Stadtteil zogen, sahen wir eine junge Frau auf der Straße liegen; irgendwie konnte sie sich nicht mehr aufrecht halten, wahrscheinlich war sie betrunken. Ein Mädchen unserer Gruppe nahm sich ihrer an. Anscheinend hatte sie schon früher Bekanntschaft mit ihr gemacht. In diesem Zustand konnte man nicht mit ihr reden. Aber was tun? Unsere mütterliche Mitternachtsmissions-Schwester war heute nicht mit dabei; sie hätte bestimmt Rat gewusst. Also nahmen wir Sonja, so hieß unser Schützling, mit uns nach Hause. Sie wurde sozusagen unser »Weihnachtsgeschenk«: Da wir damals schon vier Kinder in der nicht gerade großen Wohnung hatten, bekam sie ihre Lagerstätte direkt unterm Weihnachtsbaum. Dort fühlte sie sich ausnehmend wohl, endlich ein Zuhause! Doch damit begannen ja erst die Probleme. Wie gesagt, wir waren nicht eingerichtet für so einen Besuch. Nachdem Sonja uns mitgeteilt hatte, dass sie bei der »Sitte«, wie sie sagte, registriert war und regelmäßig zum Gesundheitsamt zur Untersuchung musste, wussten wir: Sonja ist Prostituierte, sogar eine der bekanntesten dort, wie man uns mitteilte. Sie war zwar ziemlich zart gebaut, mit keinem hohen Intelligenzquotienten ausgestattet, aber sie konnte sich vorzüglich ihrer Haut wehren.

Natürlich hat sie in unserem Hause viel von Jesus gehört – für sie eine neue Welt. Sie hatte kein Wissen über Gott, Christus und die

Bibel. Aber aufnahmebereit war sie durchaus. Der kritische Punkt war nach den ersten beiden Wochen erreicht, als sie zum ersten Mal von uns aus zum Gesundheitsamt musste. Was würde geschehen, wenn sie dann wieder mit ihren ehemaligen »Kolleginnen« zusammentraf? Würde sie der Versuchung widerstehen und nicht wieder in dieses alte Leben zurückwollen? Was wäre, wenn sich bei der Untersuchung herausstellen sollte, dass Sonja sich eine Krankheit zugezogen hatte, zumal unsere Kinder und wir dieselbe Toilette benutzen mussten wie sie? Es gab noch andere ungelöste Fragen, Gründe genug, den himmlischen Vater im Namen von Jesus anzurufen. »Herr, bitte sorge du für all diese Dinge, die wir nicht im Griff haben, da kannst nur du helfen.«

Obwohl ihre Kolleginnen meinten: »Sonja, wenn wir den Weg aus der Prostitution nicht schaffen, dann schaffst du das zweimal nicht«, kam sie wieder zu uns zurück; sie wollte heraus aus dem Alten. Regelmäßig besuchte sie mit uns die Gottesdienste und fühlte sich dort wohl. Meine Frau sprach viel mit ihr, Sonja wollte mit ihren begrenzten Möglichkeiten Jesus nachfolgen.

Im Alltag gab es Probleme: Einmal kam sie nachts im Vollrausch nach Hause, klingelte »Sturm« an der Hausglocke, immerhin so laut, dass unsere Kinder und alle weiteren Hausbewohner aufwachten. Überhaupt war ein gewisser Hang zum Bier nicht zu übersehen. Dabei lebte unsere Familie damals ganz abstinent. Irgendwo trieb Sonja aber doch immer wieder Bier auf. Sie wurde schon von ganz kleinen Mengen betrunken. »Sonja, du wirst vom Bier-Angucken schon betrunken«, habe ich einmal zu ihr gesagt.

Nach mehreren Wochen Aufenthalt bei uns erhielt Sonja ein Schreiben der Staatsanwaltschaft. Ganz langsam rückte sie mit den Fakten heraus: Sie war angeklagt wegen verschiedener Delikte in diesem Rotlichtmilieu; außerdem hatte sie den ersten Gerichtstermin nicht wahrgenommen. Die Sache sah ziemlich böse aus. Wir kontaktierten schnell ihren Pflichtverteidiger, der uns widerwillig einen Termin gab. Es stellte sich heraus, dass eigentlich das Urteil aufgrund früherer Gerichtsbeschlüsse schon mehr oder weniger feststand. Wir bestanden darauf, dass wir wenigstens als Zeugen gehört würden. Das Gericht war nicht glücklich darüber, da man sich schon im Voraus »handelseinig« geworden war – Sonja sollte nicht nur eine Gefängnisstrafe verbüßen, es wurde damals sogar noch von einer drohenden Zuchthausstrafe gesprochen. Man sah unsere Zeugenvernehmung zunächst als reine Zeitverschwendung an. Außerdem bedauerte der Verteidiger, dass sein vorbereitetes Plädoyer, in dem er »verminderte Zurechnungsfähigkeit« als strafmindernd hatte vortragen wollen, hinfällig geworden sei. Meine Frau und ich mussten im Verlauf der Gerichtsverhandlung die Verantwortung für Sonja übernehmen. Sonja hatte gute Schöffen und einen verständnisvollen Richter gefunden: Er befand, dass Sonja, solange sie bei uns in der Familie sei, nicht zu einer Haftstrafe verurteilt werde – »eine letzte Chance«, sagte er, »wird ihr eingeräumt«. Irgendwie schien er von dem Bericht über die Veränderung in Sonjas Leben beeindruckt zu sein. Der Staatsanwalt war verärgert, er sagte in der Verhandlung: »Ich bin mir absolut sicher, dass wir uns in spätestens einem Jahr hier wieder sehen werden, das ist doch ein hoffnungsloser Fall.« Der Staatsanwalt sollte nicht Recht behalten. Er sah Sonja nicht wieder; und in Gottes Augen war sie kein hoffnungsloser Fall. Dabei war sie bestimmt keine »Heilige« im weltlichen Sinne. Es gab immer wieder Probleme, hauptsächlich, als Sonja mangels anderer Beschäftigungsmöglichkeit versuchsweise in unserem Verlag arbeitete. Wir hatten damals noch andere »anfällige« Mitarbeiter und haben später erkannt, dass das so nicht ging: Gerade »schwache« Mitarbeiter attackieren oft einander, schaffen wie auf dem Hühnerhof eine Hackordnung. Durch Vermittlung konnte Sonja nach einem Jahr Mitarbeit bei uns im Altersheim einer Schwesternschaft Aushilfsdienste tun. Sie hat sich dort besonders einer Schwester angeschlossen, um nicht zu sagen, angehängt, um die in ihrem jungen Leben nicht empfangene Nestwärme und Liebe geballt zu empfangen. Dann verloren sich unsere Wege etwas, bis sie sich aus Fulda telefonisch meldete, denn sie war gewiss kein großer Briefschreiber: Sie helfe jetzt in einer Bäckerei. Wie freuten wir uns zu erfahren, dass sie von jenem Weihnachten an absolut keine Lust mehr hatte, in das alte Leben zurückzugehen. Bald darauf kam die Nachricht, sie habe geheiratet, und nach allem, was wir wissen, war es eine gute Ehe.

Sonja besuchte uns mit ihrem Mann für einige Tage. Da ihr Mann Eisenbahner war, konnten sie günstig reisen. Es war eine Zeit der Freude und Gemeinschaft miteinander.

Einige Zeit später rief Sonjas Mann erschüttert bei uns an und teilte uns mit, Sonja habe, 35-jährig, eine plötzliche Gehirnblutung gehabt und sei daran verstorben. Es war zu spät, um zur Beerdigung zu kommen. Bald darauf fuhr meine Frau nach Fulda und traf dort eine in Tränen aufgelöste Nachbarin Sonjas: »Sie ist mir eine so liebe Frau gewesen«, zitierte sie einen Ausspruch von Sonjas Mann.

Es gibt bei Gott keinen hoffnungslosen Fall. Das hat sich auch in Sonjas Leben erwiesen. Das sagt uns Gottes Wort:

»Des Menschen Sohn ist gekommen,
zu suchen und zu retten, das verloren ist.«
(Lk. 19,10)

Führung:
Ich will dich mit meinen Augen leiten

In den Zeiten des Kalten Krieges war ich häufig in der damaligen DDR, so lange, bis ich aus politischen Gründen etwa 12 Jahre lang dieses Land nicht mehr betreten durfte. Wegen unserer Verlagspublikationen wurde ich zum »Feind der DDR« gestempelt und landete einmal sogar zum Verhör in einem Stasi-Keller. Man hätte dort jeden Krimi filmen können.

Im Verlauf mehrerer Jahre besuchten wir, so lange das eben möglich war, die beiden Messen in Leipzig. Wir hatten im Frühjahr und im Herbst einen Ausstellungsstand dort, mit riesigem Zulauf. Er wurde schnell Sammelpunkt politisch Verfolgter. Viele wollten sich einfach einmal frei aussprechen können. Dabei sahen wir Freunde, die jahrelang um des Evangeliums willen im Gefängnis gewesen waren. Morgens mussten wir den Stand nach versteckten »Wanzen« (Abhörgeräte) absuchen – es waren ungebetene Mithörer. Ich konnte mir es einmal nicht verkneifen in einem Hotelzimmer an einem Morgen laut zu sagen: »Der Süddeutsche Rundfunk grüßt seine Hörer und Hörerinnen aufs Herzlichste.« Diese pausenlose Abhörtaktik konnten wir uns, angesichts der Gefährdung unserer kompromittierten Besucher, nicht leisten. Deshalb hielten wir uns jahrelang nur noch in Privatquartieren auf, was sich als hilfreich herausstellte.

Es war bewegend, unter den Augen der Stasi, die alle paar Minuten an unserem Stand vorbeipatrouillierte, so viele Lebensschicksale mitzuerleben. Nur einmal alles aussprechen können, ohne Angst, dass der Gesprächspartner irgendwann erpresst wird – das bedeutete für viele ein kurzes Aufatmen. Der Verlagsstand war, ganz im Unterschied zu den marxistisch ausgerichteten, stets von einer Menschenmenge umlagert. Hatten wir doch neben den offiziell erlaubten Exponaten auch noch anderes an christlicher Literatur mitgebracht, »Unerwünschtes«, ja »Unerlaubtes« – zur großen Freude unserer Besucher.

Außerdem führten wir immer wieder, im vertraulichen Auftrag westlicher kirchlicher Stellen, größere Summen Westgeld mit uns, die wir den Vertrauenspersonen aushändigten – eine nicht immer einfache Angelegenheit. Umso größer war unsere Enttäuschung, als wir nach dem Fall der Mauer 1989 feststellen mussten, dass einer unserer kirchlichen »Vertrauensmänner« ein langjähriger IM (informeller Mitarbeiter) der Stasi gewesen war.

Wieder einmal brach so ein Messemorgen an. Meine Frau und ich wussten, dass eine Menge Stress auf uns wartete. Man war auch nie sicher, ob nicht die Politik in den Messealltag eingreifen und unseren Adrenalinspiegel kräftig zum Steigen bringen würde. Vor dem Messehaus stand ein Lastkraftwagen des DDR-Rundfunks. Mit Schmunzeln stellten wir fest, dass die Aufschrift am Wagen: »Staatlicher Rundfunk der Deutschen Demokratischen Republik« etwas verändert worden war: Irgendjemand hatte das eine ›u‹ teilweise abgekratzt – nun hieß es: »Staatlicher Rindfunk der Deutschen Demokratischen Republik«. Welch großartige Gabe ist doch der Humor in schweren Zeiten!

Es war ein voller Tag. Die Stasi kontrollierte uns häufiger als sonst – manche Stasioffiziere kannten wir inzwischen schon. War irgendein Besucher unseres Messestandes besonders »bewachungsbedürftig«?

Der Tag war gefüllt mit sehr vielen Gesprächen, Verhandlungen wegen Ostlieferungen mit den politischen und wirtschaftlichen Instanzen, Aufnahmen von Bestellungen, die wir häufig gar nicht ausführen durften, was unser Gewissen schon belastete.

Es kamen Mitarbeiter einer großen Leipziger Notenstecherei und baten händeringend um Aufträge – aus Sorge um ihre Arbeitsplätze, da sie mangels Arbeit ›da säßen und Däumchen drehten‹. Leipzig war so etwas wie die Weltmetropole für Notenstich. Als wir dann einen 100 000-DM-Auftrag für Notensticharbeiten in Aussicht stellten, teilte uns die politische Abwicklungsstelle mit, dass sie unseren Auftrag nicht ausführen könne, da sie immer ihre Kapazität freihalten müsse für Aufträge des sozialistischen Brudervolkes der UdSSR. Natürlich konnte ich, wenn ich ihre Gefährdung vermeiden wollte, nicht sagen, dass die Notenstecher mich inständig um Aufträge gebeten hatten.

Abends, die Messe schloss ihre Pforten, nahmen wir einen kurzen Imbiss und ließen uns dann total erschöpft in der Straßenbahn nieder, die uns zu unserem Nachtquartier bei Familie J. bringen sollte. Kaum saßen wir, fiel uns ein, dass es Dienstag war und ausgerechnet dienstagabends ein Gottesdienst einer evangelischen Gemeinde nahe unserem Quartier stattfand. Es entspann sich etwa folgendes Gespräch zwischen meiner Frau und mir:

»Da müssten wir eigentlich hingehen.«

»Aber heute kann ich nicht mehr.«

»Ja, wir kommen uns von den Tagesvorkommnissen wie durch ›die Mangel gedreht‹ vor.«

»Vergessen wir es für diesmal.«

Wir schwiegen bis zum Aussteigen.

Nachdem die Straßenbahn abgefahren war, standen wir unentschlossener als je zuvor auf der abendlichen Straße.

»Eigentlich sollten wir die Geschwister, die so unter Druck stehen, stärken.«

»Wir sind doch so kaputt heute, das kann kein Mensch von uns verlangen.«

Wir gingen in Richtung Quartier, blieben wieder stehen, liefen wenige Schritte in Richtung Gemeindesaal, dann blieben wir noch einmal stehen.

»Was sollen wir tun?«

»Schnell ins Quartier, morgen ist wieder ein anstrengender Tag.«

Wir fanden keine Ruhe. So entschlossen wir uns doch, zur

Gemeinde zu gehen, wenn auch etwas widerwillig. »Stärke deine Brüder!«, war unser Denken.

Der Weg zur Gemeinde war kurz. Durch einen Durchgang erreichten wir bald den Gemeindesaal im Innenhof, den wir schon von früheren Jahren kannten. Der Saal war beleuchtet, aber wir hörten keinen Laut, kein Singen – nichts. Vorsichtig drückte ich die Türklinke und sah einen mit betenden Besuchern gefüllten Saal. Jemand bemerkte die leicht geöffnete Türe, kam auf uns zu und sagte zu mir: »Sind Sie nicht der Bruder Hänssler? Sie waren doch schon früher hier. Sie schickt uns der Herr. Wir beten gerade darum, dass Gott uns einen Verkündiger des Evangeliums sendet. Das Auto unseres erwarteten Predigers ist kilometerweit entfernt stehen geblieben.«

Für mich war es die kürzeste Vorbereitungszeit für eine Wortverkündigung (nicht zur Nachahmung empfohlen) – sie war gerade so lang wie der Weg von der Tür bis zur Kanzel. Was ich damals sagte, weiß ich nicht mehr. Es war auch für die Gemeinde äußerst riskant, einen Menschen aus dem Westen sprechen zu lassen, selbst wenn es nur ein so genanntes »Grußwort« war. Wir jedoch waren glücklich, dass wir der inneren Stimme gehorcht und erlebt hatten:

»Ich will dich mit meinen Augen leiten.« (Ps. 32,8)

Der Ingenieur

Der Ingenieur

Im Rahmen unserer Arbeit der Mitternachtsmission begegneten wir vielen Menschen. Es gab gute und weniger gute Begegnungen. Manche Kontakte blieben an der Oberfläche, manche gingen tiefer.

In einer Nacht trafen wir einen etwas verzweifelten Mann mit dem typisch berlinerischen Namen Schulze. Im Gespräch ergab sich, dass er eigentlich keine Heimat mehr hatte und zu den so genannten Wohnsitzlosen gehörte. Sein Aussehen und seine Intelligenz zeigten uns schnell, dass er schon wesentlich bessere Zeiten erlebt hatte. Da es gerade keine Möglichkeit gab, in irgendeiner Absteige der Evangelischen Gesellschaft oder in einem Männerübernachtungsheim unterzukommen, nahmen wir ihn für kurze Zeit bei uns in der Wohnung auf. Darüber freute sich Herr Schulze wie ein Kind. Das war auch die Möglichkeit für ihn, aufzutauen und einiges aus seinem Leben preiszugeben. Sehr bald erzählte er uns freimütig, dass er als Ingenieur in der damaligen Deutschen Raketenversuchsanstalt in Peenemünde während des Zweiten Weltkrieges beschäftigt gewesen war. Er war dort für eine größere Anzahl von Ingenieuren in einer besonderen Abteilung verantwortlich gewesen. Nach dem Krieg verlor er durch Alkoholprobleme seinen Ingenieurberuf, ruinierte seine Ehe und landete so auf der Straße. Das Eigenartige bei ihm war, dass immer dann, wenn er ein Glas Bier getrunken hatte, sofort Aggressionen auftraten. Seine Fäuste waren sehr rasch dabei zuzuschlagen. Dadurch kam er oft in Konflikt mit dem Gesetz und landete häufig wegen Schlägereien für kürzere Zeit im Gefängnis. Es war ein regelrechter Kreislauf –, sobald er aus dem Gefängnis entlassen wurde, trank er wieder Bier, schlug unvermittelt zu und landete wieder im »Knast«. Ich kann mich nicht mehr erinnern, wie oft er dort war, er hatte auf jeden Fall eine ganze Latte an Vorstrafen. Während einer solchen Zwischenstation sprach Herr Schulze uns auf der Straße an. Er wollte wissen, warum wir – ich möchte das einmal mit dem biblischen Gleichnis ausdrücken – »unter die Räuber Gefallene« suchen? Auf irgendeine Weise war er davon angesprochen.

Herr Schulze besuchte uns später immer wieder, auch als wir dann aufgrund der Verlegung des Betriebes in einen ganz anderen Ort umzogen. Wir waren natürlich sehr darauf aus, dass er Arbeit fand. Er arbeitete dann, obwohl er kräftemäßig nicht mehr so gut beieinander war, als Möbelträger, um auf diese Weise seinen Lebensunterhalt zu verdienen. So konnte er sich wenigstens ein einfaches Zimmer leisten. Er erzählte uns einige Zeit später, dass es ihm doch immer schwerer falle, so schwere Möbelstücke oft mehrere Stockwerke hoch zu tragen und irgendwann war dann diese Arbeit auch nicht mehr möglich. Er landete im Krankenhaus. Wieder entlassen, besuchte er uns. Es war, wie Gott das häufig so macht, ein absolut gutes Timing. Denn gerade, als er wieder bei uns einige Tage lebte, hatten wir unsere guten Freunde, Dr. Eduard Ostermann und seine Frau Gretel, zu Besuch. Gott führt in vorbereitete Verhältnisse.

Herr Schulze und Herr Dr. Ostermann hatten ein gemeinsames Thema. Beide waren in Peenemünde gewesen. Da gab es manches zu erzählen und zu berichten. Mein Freund Eddy Ostermann, der schon spürte, dass Herr Schulze auf der Suche nach Gott war, setzte sich neben ihn und sprach in unserem Beisein mit ihm die bekannten »Vier geistlichen Gesetze« durch. Herr Schulze akzeptierte diese dann auch für sich und sprach das Gebet der Übergabe seines Lebens an Jesus. Bald darauf musste er, aus Gründen seiner Gesundheit und seiner Arbeitsunfähigkeit, nach München in ein Altersheim übersiedeln. Von dort besuchte er uns einmal per Anhalter, schrieb auch gelegentlich eine Karte und telefonierte. Eines Tages rief er mich wieder an und erzählte, dass es ihm gesundheitlich gar nicht gut gehe. Sein Herz war sehr stark angegriffen. Bei diesem Anruf sagte er noch, dass es das Geschenk Gottes gewesen sei, dass er meine Frau und mich kennen gelernt habe.

Die fromme Sprache hatte er bestimmt noch nicht gelernt, aber man merkte ihm die Dankbarkeit an und ein großes Stück Liebe. Es sollte sein letzter Anruf sein. Zwei Tage später, ich war etwas unruhig geworden, rief ich im Altersheim an und dann wurde mir von einer Person, die ihn sehr gut kannte, mitgeteilt, dass er am Tag vorher heimgegangen sei und dass er sich über das letzte Telefonat so außerordentlich gefreut habe.

Für mich war das ein neues Erleben der Tatsache, die uns in der Bibel gesagt ist:

» ... dass Jesus Christus gekommen ist in die Welt,
die Sünder zu retten.« *(1. Tim. 1,15)*

Verzweiflung

Verzweiflung

Im Rahmen unserer missionarischen Einsätze im Rotlichtviertel der Großstadt begegneten wir Marcel. Er war ein drahtiger, sportlich ausgerichteter und intelligenter junger Mann. Was ihn in dieses Milieu gebracht hat, ist mir heute nicht mehr bewusst. Auf jeden Fall hatten wir mit ihm Kontakt, und er besuchte uns auch immer wieder in der Familie. Auf diese Weise erfuhr er auch von dem rettenden Evangelium durch Jesus Christus. Irgendwie fühlte er sich bei uns wohl, was er auf seine Art und Weise so ausdrückte, dass er, ohne dass wir ihn dazu ermutigt hätten, zu meiner Frau Mama und zu mir Papa sagte.

Wir wussten, dass er in irgendwelche Schlägereien verwickelt war und in der rosaroten Halbwelt auch Feinde hatte. Er fing dann eine Freundschaft mit einem uns bekannten Mädchen an. Aus welchen Gründen diese Freundschaft in die Brüche ging, weiß ich bis heute noch nicht. Bedingt durch diese Freundschaft verloren wir etwas den Kontakt zu ihm. Außerdem wussten wir seine Adresse nicht. Wahrscheinlich hatte er auch keinen festen Wohnsitz. Eines Tages kam ein Brief aus Frankreich, ohne Datum, ohne Adresse, in dem er schrieb: »Aus lauter Angst und Bange kam ich nach Frankreich und bin bei einer Familie in der Nähe von Lyon. Ich weiß nicht, wie meine Lebensgeschichte weitergehen wird oder soll. Ich weiß nur, dass es so nicht weitergehen kann. In Frankreich kann ich schlecht untertauchen, viel, viel Moslems. Bitte, Papa, kannst du mir helfen? Ich glaube, es ist besser für mich, für immer nach den USA zu fliegen, um dort ein neues Leben anzufangen. Ich kann nicht mehr so leben! Ich habe die Nase voll!«

Darunter noch ein P.S.

»Dieses Mal haben sie mich angegriffen, nächstes Mal töten sie mich! Shalom!«

Ich konnte nicht reagieren, da ja keine Adresse dabei war. Einige Wochen später läutete mitten in der Nacht das Telefon. Am Apparat war Marcel. Ich fragte ihn, wo er sei. Er antwortete: »Irgendwo im Ausland.«

Es entwickelte sich etwa folgendes Gespräch:

»Wie geht es dir?«

»Es geht mir ganz dreckig.«

»Warum, was ist los?«

»Ich kann nicht mehr zurück nach Deutschland, das ist nicht mehr möglich.«

»Was kann ich für dich tun?«

»Es ist zu spät, du kannst nichts mehr für mich tun.«

»Aber unser Vater im Himmel kann noch etwas für dich tun!«

»Auch dazu ist es jetzt zu spät.«

»Erzähl mir bitte doch, was ist los mit dir und wo bist du und womit kann ich helfen?«

»Ich bin gerade dabei, mir das Leben zu nehmen und wollte dich nur noch einmal anrufen und Dankeschön sagen für alles, was du für mich getan hast, für alle Liebe, die ich erfahren durfte.«

Am Telefon begann ein Ringen um diesen Menschen. Natürlich kann ich dieses Gespräch, das mindestens 45 Minuten gedauert hat, nicht mehr wörtlich wiedergeben.

Menschlich gesehen habe ich alles versucht, was möglich war, um ihm klar zu machen, dass er von Gott sein Leben geschenkt bekommen hat und nun keine Erlaubnis hat, dieses Leben von sich aus selbst zu beenden. Nie zuvor ist mir bei einem Menschen die »Verzweiflung des Todes« so vor Augen getreten wie bei ihm.

Dann sagte ich zu ihm: »Marcel, das ist jetzt ja ein sehr, sehr langes Gespräch geworden, wie kannst du das bezahlen? Kann ich dich irgendwo besuchen, dass wir miteinander reden und beten?«

»Dieses Telefongespräch werden andere bezahlen müssen, ich nicht mehr. Ich wollte nur noch einmal Dankeschön sagen.«

Und dann klickte es in der Leitung.

Ich habe nie wieder etwas von Marcel gehört und muss annehmen, dass er seinem Leben ein Ende gemacht hat. Den eigentlichen Grund seiner »Verzweiflung zum Tode« haben wir nie erfahren, er hat ihn mit sich genommen. Meine Frau und ich waren sehr traurig über diesen Ausgang. Besonders auch darüber, dass Marcel die Vergebung durch Jesus Christus nicht in Anspruch genommen hat.

Das Neue Testament sagt uns:

»Die Traurigkeit aber der Welt wirkt den Tod.« (2. Kor. 7,10)

Mafia
Mafia

Vor Jahren musste ich verschiedentlich geschäftlich in die USA reisen. Die USA sind für unsere Produkte, besonders die Musikprodukte, ein großer Markt. Außerdem haben wir viele Bücher aus dem Amerikanischen ins Deutsche übersetzt und veröffentlicht. Deshalb war es immer wieder notwendig, in die USA zu reisen und zudem habe ich dort sehr viele Freunde, Nachfolger von Jesus Christus, die in wichtigen Aufgaben stehen und mit denen ich immer wieder zusammen war. Die billigste Möglichkeit in die USA zu kommen, war die isländische Luftverkehrsgesellschaft »Icelandic-Air«. Nachdem ein regelmäßiger, kostenloser Omnibusverkehr von Stuttgart zum Abflugflughafen Luxemburg angeboten wurde, war das kein großes Problem und ich bin eigentlich sehr gerne mit dieser Fluggesellschaft unterwegs gewesen. Allerdings hatte sie damals einen Nachteil. Die Wartezeiten am Flughafen in Luxemburg waren manchmal recht ausgedehnt. Man musste schon eine ganz schöne Portion Geduld mitbringen – etwas, was bei mir ganz gewiss nicht im Überfluss vorhanden ist. So stand oder saß ich also auf dem Flughafen in Luxemburg und wartete auf die Maschine, die mich nach New York fliegen sollte. Es waren natürlich noch viele andere Passagiere da, da diese Flugzeuge regelmäßig bis auf den letzten Platz ausgebucht waren – wohl eine Folge der Billigpreise (New York hin und zurück 599 DM). So hatte man viel Zeit, sich die Passagiere anzusehen, die da mitfliegen wollten. Es waren Geschäftsreisende, viele junge Leute, die diese Möglichkeit wahrnahmen. Dabei fiel mir auch ein arabisch aussehendes, junges Pärchen auf. Da sie sich etwas seltsam verhielten, hat es bei mir im Kopf geklickt: »Ob die nicht irgendetwas im Schilde führten?«

Ich muss noch hinzufügen, dass es in den Jahren war, als sehr häufig Flugzeuge nach Kuba entführt wurden. Ich hatte überhaupt nicht vor, statt in New York plötzlich in Havanna aus dem Flugzeug steigen zu müssen. Da dachte ich: »Dieses Pärchen darfst du nicht mehr aus den Augen verlieren, es lohnt sich bestimmt, sie zu beobachten.« Das habe ich auch getan. Ich ließ die beiden nicht mehr aus den Augen, zumal sie sich doch für meine Begriffe irgendwie eigenartig benahmen, fast so, als ob sie etwas verbergen wollten. Und, nachdem klar war, dass die beiden auch in dieses Flugzeug einsteigen würden, war höchste Alarmstufe für mich gegeben. Ich machte mir schon darüber Gedanken, welcher Terrororganisation die beiden angehören könnten. Ob die beiden wohl verheiratet waren oder nur von irgendeiner Organisation ausgesucht waren, ein richtiges Ding zu drehen? Man kann sich natürlich schon in eine bestimmte Situation hineinsteigern und ich hatte ja mindestens zwei bis drei Stunden Zeit dazu. Um so viel nämlich verspätete sich der Abflug. Am Schluss war für mich klar: Irgendetwas stimmte da nicht!

Nun kann man natürlich zwei Menschen nicht ohne weiteres längere Zeit beobachten, ohne dass diese es nicht auch bemerken. So musste ich also etwas vorsichtiger sein mit meinen Blicken auf diese beiden. Aber es passierte doch hin und wieder, dass sich unsere Blicke trafen. Und irgendwie hatte ich den Eindruck, dass die beiden etwas verunsichert waren durch meine »strenge Augenkontrolle«.

Dann wurde der Flug aufgerufen und die Passagiere machten sich zum Einsteigen bereit. Ich kam nun noch näher mit diesem Pärchen zusammen, notgedrungen, da wir ja alle einsteigen wollten. Ich hatte immer noch die größten Befürchtungen und musterte natürlich ihr Gepäck nicht nur einmal: Ob da wohl irgendwo eine Bombe oder irgendwelche gefährlichen Waffen drin waren? Mit Blickrichtung auf das Pärchen musste ich die beiden auf der Gangway aus nächster

Nähe passieren. Wieder kreuzten sich unsere Blicke. Und während ich die beiden prüfend ansah, gab der Mann, den ich als Terrorist eingestuft hatte, seiner Begleiterin einen leichten Stoß mit dem Arm, um sie auf mich aufmerksam zu machen. Dann deutete er auf mich und sagte laut: »Mafia!« Ich war leicht perplex. Auf jeden Fall wusste ich nun, wie die beiden **mich** eingestuft hatten.

Als ich später diese Geschichte erzählte, herrschte immer allgemeines Gelächter. Manche Leute wussten eben, dass ich manchmal ganz grimmig ausschauen kann.

Ich habe mir aber doch auch noch andere Gedanken gemacht. Wenn in der Schrift steht, dass wir kein falsches Zeugnis über unseren Nächsten reden sollen, hat das in diesem Fall für mich auch geheißen: »Du sollst nichts Falsches über deinen Nächsten denken!« Das ist dann sozusagen meine eigene Bibelübersetzung.

Mir fiel auch das Wort aus Matthäus 15,19 ein:

»Denn aus dem Herzen kommen arge Gedanken ...«

Der grüne Mo

Der grüne Mo

Bei einer meiner Geschäftsreisen kam ich in den letzten Tagen meiner Reise in das feuchtwarme Florida, nach Miami. Eine befreundete Familie war mein Gastgeber und gleichzeitig auch Chauffeur in diesem weit verzweigten Land.

Einige Monate, bevor ich dort eintraf, war ihr Haus durch einen der berüchtigten Hurrikane schwer beschädigt worden. Inzwischen war es aber wieder funktionsfähig gemacht worden.

Diese Familie hatte einen Papagei mit dem Namen Mo. Eigentlich habe ich überhaupt keine Erfahrungen mit Papageien und war hoch überrascht, dass dieser grüne Mo sprach, sogar recht verständlich, sang und pfiff, sodass man es durch die Stockwerke des Hauses hörte. Mo begrüßte jeden und sagte ohne Aufforderung, wenn man zur Türe hinausging: »Goodbye«. Um es geradeheraus zu sagen, er hatte wirklich eine wunderschöne Stimme und ein wunderschönes Äußeres, was ja nicht immer, wie wir wissen, zusammenpassen muss. Sein Gefieder trug großartige Farben, grün mit gelben Schwingfedern. Ein intelligentes Bürschchen war dieser Mo, der sehr viel wusste. Und dann die Überraschung, für mich kaum zu fassen: Mo sang laut und deutlich: »Yes, Jesus loves me« (Ja, Jesus liebt mich). Das musste er irgendwie aufgeschnappt haben von der Filmmusik des Filmes »Bodyguard«, in dem Whitney Houston dieses Lied singt. Ist diese fromme Sprache eines Papageien nicht ganz erstaunlich?

Aber nachdem ich versuchte, mich mit diesem Burschen zu beschäftigen, und ich kann sagen, dass ich mich einigermaßen gut mit Tieren verstehe, mit ihnen umgehen kann, machte ich mit Mo eine ganz unfromme Erfahrung. Sobald ich in die Nähe seines Käfigs kam, hackte er kräftig in der Gegend herum – auch auf meiner Hand. Manchmal saß er auf dem Käfig. Da seine Flügel immer wieder gestutzt wurden, war das nicht weiter gefährlich. Er war immer angewiesen auf seine Behausung – innen oder außen, an der er sich mit seinen scharfen Krallen halten konnte.

Dieser Mo gab mir zwei Tage lang zu verstehen: »Ich bin nicht an dir interessiert.« Das hat schon etwas an meinem Selbstbewusstsein gekratzt. Mo war nur auf eine Bezugsperson fixiert, alle anderen, hauptsächlich Männer, waren für ihn Feinde. Richtig eingeigelt hat sich Mo, ließ mich nicht einmal an seinen Käfig ran. Dabei sang er wunderschön: »Ja, Jesus liebt mich.« Auf dem Heimflug machte ich mir doch noch einige Gedanken darüber.

Im Bild gesprochen: Gibt es da nicht auch fromme Menschen – sie sprechen schön, sie singen schön, sie grüßen freundlich, sie verabschieden sich nett, sie sehen sogar hübsch aus, sie sind möglicherweise genauso Vegetarier wie Mo (nichts gegen Vegetarier!) und bei der nächsten Gelegenheit hacken sie zu, wie Mo, aber wie! Sie lassen einen nicht mal an den frommen Käfig ran, sind eingeigelt wie Mo. Es fehlte nur noch ein Schild mit der Aufschrift »Geschlossene Gesellschaft«. In dem Lied von Manfred Siebald »Gut, dass wir einander haben« geht es im Text weiter: »... gut, dass wir nicht **uns** nur haben, dass der Kreis sich niemals schließt.« Dieser Kreis ist stets offen. Es ist damit nicht eine »Allerweltsoffenheit« gemeint. Offen ist in dem Sinne gemeint, dass wir ein offenes Haus haben. »Sein Haus hat offene Türen, er ruft uns in Geduld, will alle zu sich führen, auch die in Not und Schuld.«

Wie viele Türen wurden und werden versperrt durch »Zuhacken«, durch Verletzungen. Türen bleiben verschlossen, indem die Menschen uns spüren lassen: »Ich bin eigentlich gar nicht an dir interessiert.« Türen bleiben verschlossen durch Vorschriften, »du musst zuerst, dann, dann ...«, versperrt durch menschliche Verhaltensmaßregeln (menschliche Regeln!). So ließ einmal eine Dame in England, damals lebte meine Frau für ein Jahr dort, über eine Bekannte sagen: »Wenn diese Ursula weiterhin ohne Hut zum Gottesdienst kommt, werde ich nicht mehr am Gottesdienst teilnehmen.« (Unter uns gesagt, ich kann mir meine Frau nicht mit Hut vorstellen.)

Ist das nicht ein großes Problem unserer Tage? Viele Gläubige sind durch Besserwissen, geistliche Überheblichkeit, unbiblische Verhaltensmuster ein Hindernis für andere geworden, um zum Glauben zu finden, obwohl sie vielleicht sehr schön gesungen haben.

Der grüne Mo war echt überheblich. Wenn er tatsächlich so intelligent gewesen wäre, hätte er wissen müssen, dass ich ihn hätte schnappen können. Wer von der Liebe Jesu wirklich erfüllt ist und nicht nur manchmal davon singt, kann nicht überheblich sein.

Was unsere unregierbare Welt braucht, ist Jesus Christus. Das ist zwar keine neue Formulierung, aber umso mehr Tatsache in unserer Zeit. Deshalb: »Kommt, sagt es allen weiter, ruft es in jedes Haus hinein!« Und dazu braucht es offene Türen. Die Botschaft vom Leben ist nicht für die »Geschlossene Gesellschaft«, die Botschaft vom Leben ist für die Welt. Freunde, macht die Türen auf!

Kleine
Begebenheiten zum Schmunzeln

Anlässlich einer Bezirkskonferenz des Württembergischen Brüderbundes war ich eingeladen, ein Grußwort zu sagen. Dies fand in der Kirche eines kleinen Dorfes auf der Schwäbischen Alb statt. Diese war voll besetzt. Nach einer sehr guten Bibelarbeit waren noch einige Grußworte vorgesehen.

Meine Frau und ich saßen in der ersten Bankreihe. Als ich nun an die Reihe kam – Grußworte waren so üblich bei Konferenzen –, sollte ich das auf der Kanzel tun, damit auch die Zuhörer auf den Emporen den Redner sehen konnten.

Wie ich dort auf der Kanzel stehe, tippt ein Mann aus der zweiten Bankreihe meiner Frau auf die Schulter, deutet auf mich und sagt: »Das ist aber schön, Frau Hänssler, dass Sie heute Ihren Schwiegervater mitgebracht haben.«

Vor vielen Jahren besuchte ich den inzwischen verstorbenen Wolfgang Heiner in Großalmerode, um über einige neue Lieder mit ihm zu sprechen. Ich war noch nie zuvor bei ihm zu Hause gewesen. Als ich läutete, kam sein kleiner Sohn an die Haustür. Ich versuchte ihm zu erklären, dass ich mit seinem Vater reden wollte. Er rief dann die Treppe hoch: »Papa, da ist ein Mann mit einem entsetzlich großen Kopf, der dich sprechen möchte.«

Zu irgendeiner Besprechung, wahrscheinlich in Angelegenheiten der Deutschen Missionsgemeinschaft, besuchte mich das damalige Vorstandsmitglied Horst Borkowsky. Da er zum ersten Mal zu unserem alten Verlagsstandort fahren wollte, musste er suchen und fuhr anscheinend eine ganz kleine Einbahnstraße in der verkehrten Richtung, ohne dies zu bemerken. Ein Einwohner des Dorfes machte ihm die falsche Fahrtrichtung deutlich und stoppte ihn, hatte aber keine Ahnung, wohin Horst Borkowsky fahren wollte.

Der kurbelte das Autofenster herunter, bedankte sich und sagte dann: »Ich habe das nicht bemerkt, dass dies eine Einbahnstraße ist.«

Der Dorfbewohner: »Sie brauchen deshalb nicht zu schwindeln, wenn Sie falsch gefahren sind.«

Horst Borkowsky: »Ich habe nicht geschwindelt, ich würde doch durch eine Unwahrheit mein Gewissen nicht belasten.«

Der Dorfbewohner: »Wenn Sie so denken, dann wollen Sie bestimmt zum Hänssler Verlag fahren.«

Bei einem »Gemeindetag unter dem Wort« im Stuttgarter Neckarstadion mit etwa 50 000 Teilnehmern war in einem reich ausgestalteten Programm in der Mittagspause auch ein so genannter Prominententreffpunkt, um mit bekannten Persönlichkeiten persönlich zu sprechen und sie kurz begrüßen zu können. Es war im Programmheft angegeben, wo man die einzelnen Persönlichkeiten finden konnte.

Aus irgendeinem Grund hatte ich auch einen bestimmten Standort zugeteilt bekommen. Wer beschreibt mein Erstaunen, als fast als erste Person an meinem für mich reservierten Treffpunkt meine Frau erschien und schmunzelnd zu mir sagte: »Jetzt kannst du Vielbeschäftigter dir ja offiziell mal Zeit nehmen, mit mir zu reden.«

Und noch
mehr zum Lachen

Mitte der 70er Jahre besuchten uns der ehemalige Sonderberater von Präsident Nixon, Charles Colson mit seiner Frau, und noch ein weiteres Ehepaar, Fred Rhodes mit seiner Gattin. Sie waren etwa 10 Tage bei uns zu Hause, und in der Zeit hatten wir ganz intensive Gespräche über den Glauben und die Nachfolge Jesu.

Charles Colson war im ganzen Gestrüpp der Watergate-Affäre verwickelt und zu einer Gefängnisstrafe verurteilt worden. Er war noch ganz jung im Glauben. Wir machten dann gemeinsam einen Besuch in L'Abri, wo Charles Colson zum ersten Mal Francis Schaeffer kennen lernte und sich auch mit ihm als einem wichtigen »Vordenker« austauschte. Einmal fragte ich Chuck, so nannten wir ihn, wie er das denn so durchgestanden hatte, während der Watergate-Affäre täglich auf den Titelseiten der Zeitungen seinen Namen zu lesen – nicht in gerade schmeichelhaftem Zusammenhang. Er antwortete: »Wir Politiker sagen uns immer wieder: Es ist ganz egal, was die Zeitungen über uns schreiben – Hauptsache ist, dass sie den Namen richtig schreiben.«

Immer, wenn wir miteinander beteten, fiel mir auf, dass mein Freund Fred Rhodes seine Brille abnahm. (Fred Rhodes war, wie man das in Deutschland etwa benennen würde, der Postminister in den USA.) Ich hatte mir Gedanken darüber gemacht, warum er das immer so machte. Dann stellte ich ihm kurzerhand die Frage: »Lieber Fred, mir ist aufgefallen, dass du immer deine Brille abnimmst, wenn gebetet wird. Was hat das für einen besonderen Grund?« Daraufhin sagte der immer fröhliche, humorvolle Fred zu mir: »Das ist ganz einfach, um in den Himmel zu schauen, brauche ich keine Brille.«

Wieder einmal war ich mit einer Gruppe von Politikern beim »National Prayer Breakfast« in Washington. Wie das so üblich ist, ist nicht die große Veranstaltung das Entscheidende, sondern es sind die persönlichen Kontakte, die sich dort ergeben. Es ist eben eine Familie von Nachfolgern Jesu Christi, die sich über den ganzen Erdball erstreckt. Sehr häufig wird man dann auch privat zu Verantwortlichen in Politik und Wirtschaft eingeladen. So war ich beim früheren Innenminister der USA zum Abendessen eingeladen. Ich war recht verwundert, dass mich diese bekannte Persönlichkeit selbst mit dem Auto am Hotel abholte und auch wieder zurückbrachte. Das würde einem in Deutschland wohl kaum so passieren. Es war ein guter Abend mit tief gehenden Gesprächen; in dessen Verlauf zeigte mir dieser Freund auch sein Haus und sein Arbeitszimmer.

Da fiel mir ein in einer Art Holzgestell präsentiertes kleines Poster mit folgender Aufschrift auf: »An diesem Schreibtisch hört das Schiebespiel auf.«

Ich fragte den Hausherrn, was dieser Ausspruch auf seinem Schreibtisch zu bedeuten habe. Da erzählte er mir, dass, als Präsident Johnson aus dem Amt des Präsidenten der Vereinigten Staaten ausgeschieden sei, er ihm dieses zum Abschied geschenkt habe, damit er als Minister es auf seinen Tisch stellen könne: »An diesem Schreibtisch hört das Schiebespiel auf.«

Ich bin darüber doch sehr nachdenklich geworden. Wenn Menschen die höchsten Positionen im Leben erreicht haben, die es überhaupt zu erreichen gibt, haben sie niemanden mehr, dem sie die Schuld bei eventuell falschen Entscheidungen zuschieben könnten.

Mit einer Gruppe von Bundestagsabgeordneten waren wir wieder in den USA zum Gebetsfrühstück (National Prayer Breakfast). Sehr häufig haben uns dann Gruppen aus anderen Bundesstaaten eingeladen, noch ein oder zwei Tage bei ihnen in ihrem Freundeskreis zu verbringen. Meist wurde dieses Angebot sehr gerne angenommen, lernt man doch auf diese Art und Weise Land und Leute am besten kennen und schließt neue Freundschaften. So waren wir eingeladen, die berühmte Raketenabschussstation Kap Canaveral zu besuchen. Natürlich war das für alle, die zum ersten Mal da waren, hochinteressant, zumal wir da an einer besonderen Führung teilnahmen und auch die Abschussrampen besichtigen konnten. Auf der Fahrt mit einem kleinen Bus durch das ganze Gelände sah ich vor uns auf der Straße einen großen »Baumstamm« liegen. Aber der Busfahrer fuhr um diesen vermeintlichen »Baumstamm« herum und stoppte anschließend sein Auto, damit wir sehen konnten, wie dieser Baumstamm mit unglaublichem Tempo davonrannte und dann im Wasser versank. Es war ein sehr großer, alter Alligator. Es gibt dort diese Alligatoren in Massen.

Nach diesem ereignisreichen Tag wurden wir in Privatfamilien gebracht und erlebten dort jeweils noch einen sehr schönen Abend. Zu zweit waren wir dann bei einem Raketeningenieur von Kap Canaveral in seinem Privathaus untergebracht. Direkt am Meer. Tausende von Seevögeln aller Arten bevölkerten dort das Ufer.

Am nächsten Morgen musste ich das »kleinste« Zimmer des Hauses besuchen. Mir war schon vorher aufgefallen, dass das ganze Haus, wie das natürlich bei einem Raketeningenieur zu erwarten war, hochtechnisch ausgestattet war. Wie weit das aber gehen würde, war mir noch nicht klar. Als ich dann nach »beendigter Arbeit« an der bekannten Papierrolle zog, schaltete sich automatisch Musik ein. Es erklang im Raum füllenden vollen Stereosound: »Oh when the saints go marching in ...« Ich konnte nicht anders und musste lauthals lachen. Da stürzte mein Zimmernachbar, ein Bundestagsabgeordneter, herbei und fragte vor verschlossener Tür, ob etwas Besonderes vorgefallen wäre. Ja, ja, die Technik!

Aber es ist komisch. Jedes Mal, wenn ich an Kap Canaveral denke ...

In unserem Jugendkreis waren einige recht missionarische Typen. Besonders einer, der von seinem Alter her eigentlich gar nicht mehr zum Jugendkreis gehören sollte. Eines Tages kam er mit der Idee, wir sollten in der Stadt ein großes Jungmännerheim besuchen. Dort lebten etwa 120 junge Männer, die von da aus ihrer Arbeit nachgingen.

Darunter waren auch junge Männer mit etwas schwierigem Charakter. Schließlich entschlossen wir uns, dieses Heim zu besuchen und gestalteten dort einen evangelistischen Abend. Schnell hatte man sich geeinigt, dass eine »Sprechmotette« neben dem Vortrag den Abend etwas abwechslungsreicher machen sollte. Das war auch alles so in Ordnung, wenn nicht aus irgendeinem Grunde eine Falschmeldung an dieses Jugendheim erfolgt wäre. Vielleicht war es auch gar keine Falschmeldung, sondern andere Erwartungen, die von diesem Jugendheim an die Jugendgruppe gestellt wurden. Auf jeden Fall empfingen uns die Leute freundlich und wollten uns gleich in die Umkleideräume führen, da wir uns doch als Laienspieler umkleiden müssten. Davon war natürlich überhaupt nicht die Rede. Wir hatten ja nur unsere Sprechmotette über den »Blinden Bartimäus« aus dem Markus-Evangelium, Kapitel 10. Wahrscheinlich war seitens des Jugendheimes schon eine gewisse Enttäuschung da.

Nun kam dieser Programmpunkt des Abends: Die Sprechmotette, die wir als Scharade umprogrammierten. Schon nach den ersten Sätzen stellte sich heraus, dass die Texte relativ schlecht eingeübt waren. Zum Glück war ein Souffleur hinter der Mannschaft, der konnte wenigstens noch einiges ausbügeln. Als Bartimäus war aus unerfindlichen Gründen ein junger Mann eingeteilt worden, der schlecht den Buchstaben »s« sprechen konnte. Aber das wäre noch reparabel gewesen, schlimmer war, dass er seinen Text nicht kannte. Doch wir hatten ja einen Souffleur. Der soufflierte auch kräftig, denn gerade der Bartimäus, der doch mehrfach sagen musste: »Jesus, du Sohn Davids, erbarme dich mein!«, hatte ja die tragende Rolle. Leider war unser Bartimäus auch noch etwas schwerhörig. Unser Souffleur war zwar sehr gut, aber der Erfolg war so, dass bereits der ganze Saal verstand, was der Souffleur sagte, ehe unser »Hauptdarsteller« es aufgrund seiner Hörschwäche mitbekam. Die Sache war schon peinlich und am liebsten wäre ich unerkannt zum Hinterausgang verschwunden. Menschlich gesehen war das eine echte Pleite. Und mit gesenkten Häuptern zogen wir am Abend von dieser Veranstaltung wieder ab.

Allerdings muss ich sagen, dass es doch ganz intensive Gespräche gab mit diesen jungen Männern, keine Gespräche an der Oberfläche, sondern über den Retter Jesus Christus.

Einer aus diesem Jungmännerheim besuchte von da an regelmäßig den Jugendkreis. Es war, trotz dieser echten Pleite, nicht vergeblich gewesen. Sie können auch sicher sein, dass diese mehrfach von »unserem« Bartimäus gelispelten Worte: »Jesus, du Sohn Davids, erbarme dich mein!« bis ans Ende meiner Tage nie mehr aus meiner Erinnerung zu tilgen sind.

Gott ist da

Gott ist da

Der sechsjährige Mattes Hoffmann hat hohes Fieber und seine Eltern sind sehr besorgt. Der herbeigeholte Arzt stellt eine bakterielle Hirnhautentzündung fest und überweist diesen Buben ins Krankenhaus. Auf der Autofahrt zum Krankenhaus liegt der Sechsjährige auf dem Schoß seiner Mutter und ist in seinem sehr hohen Fieber äußerst unruhig. Plötzlich hält er seine rechte Hand ganz hoch, so, als ob er die Decke des Autos erreichen wolle. Seine Mutter legt wortlos seine Hand wieder auf ihren Schoß. Mattes hebt erneut seine Hand hoch und seine Mutter legt sie auch dieses Mal zurück. Als er zum dritten Mal die Hand hoch hält, fragt sie ihn: »Mattes, was soll denn das?« Mattes antwortet mit fiebriger Stimme: »Ich strecke mich nach Jesu Hand aus.«

Mattes wird bewusstlos. Er kommt ins Krankenhaus. Er erlangte nicht mehr das Bewusstsein und zwei Tage später hat ihn sein himmlischer Vater aus dem Diesseits abgerufen.

Der sechsjährige Mattes hatte in seinem kurzen Leben etwas erfasst, was viele Menschen in einem langen Menschenleben nicht erfahren haben. Die Hand Jesu ist ausgestreckt und ich kann sie in jeder Situation ergreifen und greife damit ganz gewiss nicht ins Leere.

Jeremia und Hesekiel reden mehrfach im Auftrage Gottes von dieser ausgestreckten Hand Gottes:

»Ich will meine Hand ausstrecken.« *(Jer. 6,12)*

»Ich will meine Hände gegen dich ausstrecken.« *(Hes. 35,3)*

Und im Römerbrief wird Jesaja zitiert: *»Den ganzen Tag habe ich meine Hände ausgestreckt zu dem Volk, das sich nichts sagen lässt und widerspricht.«* *(Röm. 10,21; Jes. 65,2)*

Seit Jesus am Kreuz seine Hände ausgestreckt hat, sind sie »Tag und Nacht« bereit zu retten, zu leiten, zu helfen.

Das konnte auch ich in vielfacher Weise erleben und erfahren.

Wir waren auf dem Rückmarsch von der Invasionsfront. Der Widerstandswillen der deutschen Armeen war vielfach gebrochen. Auch meine eigenen Kräfte waren restlos erschöpft. Auf diesen Gewaltmärschen, tagelang, ohne irgendetwas Essbares, gejagt von einer amerikanischen Panzerdivision, war das Rasseln der Panzerketten Tag und Nacht ununterbrochen zu hören.

Ich selbst hatte total vereiterte Füße und Beine. Viele meiner Kameraden ließen sich einfach auf den Boden fallen, wenn auch nur zwei Minuten an einer Wegkreuzung ein Halt war, um festzustellen, in welche Richtung wir weitermarschieren mussten. Dazu benutzten sie nicht einmal mehr ihre Hände, um sich abzustützen. Mit einem Schlag mit dem Gewehrkolben gegen den Kopf musste man sie wecken.

Ich konnte einfach nicht mehr und legte mich auf den Boden. Ich war bereit, mich von den Panzerketten überrollen zu lassen. Da kam ein meiner Gruppe zugeteilter Soldat zu mir; ich weiß bis heute nicht, wie er hieß. Er hätte mein Großvater sein können, so groß war der Altersunterschied. Irgendwie musste er mir angemerkt haben, dass ich, bedingt auch durch das permanente Suchen nach Wegen, während die anderen ihren Minutenschlaf machen konnten, sozusagen am Ende war. Plötzlich kam er auf mich zu und hielt mir etwas zum Essen hin. Es war ein vier bis sechs Quadratzentimeter großes Stückchen aus der »eisernen Ration«, die jeder Soldat besaß. Darauf lag ein ganz dünnes Scheibchen Rauchfleisch, man hätte ohne Mühe die Zeitung da durch lesen können, so dünn war es. Woher dieser Soldat dieses Stückchen noch hatte, weiß ich nicht. Ich habe ihn nie wieder gesehen.

Für mich hatte das allerdings eine solche Wirkung, dass ich aufstand. Eine ganz neue Kraftreserve wurde mobilisiert. Die Hand von Jesus kann auch menschliche Hände benutzen.

Oft erlebte ich die bewahrende Hand von Jesus. Ich erinnere mich an eine Begebenheit, als ich mit dem Auto unterwegs und gerade auf der Heimfahrt war, nur noch wenige Kilometer bis nach Hause. Von Esslingen nach Nellingen gibt es eine ziemliche Steigung mit einigen scharfen Serpentinen. An der ersten Kurve sah ich von oben kommend einen großen 38-Tonnen-Lastzug. Ich überlegte mir schon, wie der wohl um diese Haarnadelkurve herumkommen würde und stellte mein Auto einfach ab, da ich auf keinen Fall auf dieser Straße neben diesem Lastzug Platz gehabt hätte. Dieser hatte allerdings große Schwierigkeiten mit der Kurve und erwischte mich dann, obwohl ich dort stand, voll von vorn. Von der Wucht des Aufpralls flog ich gegen das Autodach und war davon ziemlich benommen. Aber ich hatte keine Zeit, meine Gedanken zu sammeln, denn plötzlich öffnete jemand die Wagentür und sagte zu mir: »Ach, das ist ja der Bruder Hänssler, wie kann ich Ihnen helfen?«

Ich konnte nicht realisieren, wer dieser hilfsbereite Mann war, der dann meine Frau und die Polizei angerufen hat. Fahren konnte ich mit dem Auto nicht mehr. Die Polizei nahm mich mit auf die Polizeiwache, wo ich dann nach Hause abgeholt wurde.

Es hat mich stark bewegt, wieder einmal praktisch zu erleben, wie der Herr, der ein Leben plant, leitet und bewahrt, schon immer vorher da ist.

Im Jahre 1990 tobte, besonders im Süden, der furchtbare Orkan Wiebke. An diesem Abend war ich in Mannheim, um dort bei Schallplattenaufnahmen dabei zu sein. Das Werk, das damals aufgenommen wurde, waren die »Seligpreisungen« von César Franck. Geschützt durch die große Kirche, hatte ich überhaupt nicht wahrgenommen, dass draußen ein großer Sturm herrschte. Als ich gegen Mitternacht die Heimfahrt antrat, merkte ich sehr schnell, schon auf dem Autobahnzubringer und nachher erst recht auf der Autobahn, dass der Wagen ziemlich gerüttelt wurde und man Acht haben musste, ihn in der Spur zu halten. Automatisch drosselten alle Autofahrer das Tempo. Vor mir fuhren zwei Autos: einer auf der linken Überholspur, ich auf der Mittelspur und auf der rechten Spur noch ein anderes Auto. Beide hatten eine höhere Geschwindigkeit. Plötzlich sah man im Scheinwerferlicht, dass zwei hohe Tannen quer über der Autobahn umgestürzt waren. Die beiden Fahrer, die vor mir fuhren, konnten nicht mehr rechtzeitig abbremsen und fuhren direkt in die Wipfel der Tannen. Ich selbst versuchte eine Vollbremsung. Durch den Aufprall brachen beide Tannen auseinander. Die Wipfel hatten sich verschoben und in der Mitte, auf meiner Fahrbahn, ergab sich dadurch eine schmale Schneise, durch die gerade ein Auto passte. Ich fuhr durch diese Schneise und hatte nicht einen Kratzer am Auto, während die anderen Fahrzeuge schwer beschädigt waren. Dies alles geschah in Bruchteilen von Sekunden. Gott war schon vorher da und hatte meine Schneise vorbereitet und ich persönlich war neu aufgefordert:

»Und vergiss nicht, was er dir Gutes getan hat!« (Ps. 103,2)

Es war die Zeit, in der wir viele Möglichkeiten nutzten, um christliche Bücher und Bibeln hinter den Eisernen Vorhang zu bringen. Jede neue Möglichkeit wurde mit Dank angenommen, zumal die

Kontrollen immer schärfer wurden und wir immer mehr feststellen mussten, dass die Kommunisten versuchten, ihre Mitarbeiter in bestehende missionarische Werke einzuschleusen.

In dieser Zeit – es war das Jahr 1970 – bekam ich einen Anruf aus der Schweiz. Man bat uns, ob wir nicht für einen Transport, der nach Rumänien geplant war, einiges an Büchern zur Verfügung stellen könnten. Auf die Frage, um was es sich da handeln sollte, wurden besonders die Liederbücher »Jesu Name nie verklinget«, Band 1 und 2 gewünscht.

Ich fragte: »Wie viele Exemplare denken Sie mitnehmen zu können?« Die Antwort war: »Von jedem 50, es dürften aber auch 100 sein.« Dann erklärte mir der Anrufer, dass es eine wirklich großartige Gelegenheit sei. Ein Mitarbeiter der rumänischen Botschaft in Bern hatte sich bereit erklärt, einen Lastzug mit dem amtlichen Siegel der rumänischen Botschaft zu versehen und dieser Lastzug würde dann unkontrolliert bis an den Bestimmungsort über alle Grenzen fahren können.

In der Tat war das eine einmalige Gelegenheit. Es kam am Telefon noch zu einem weiteren Handel. Die Zahlen der benötigten Titel wurden immer höher. Am Schluss war es doch ein ganz schöner Berg, den ich mir wirklich bildlich vorstellen konnte. Als wir die Liederbücher, Bücher und Schallplatten auf einem Stapel sahen und ich grob überschlagen hatte, was das für ein reiner Selbstkostenbetrag etwa war, kam ich auf die Summe von 7 600 Deutsche Mark.

Ehe diese Dinge, wie gesagt, ein ganzer Berg, im Lastzug verstaut wurden, habe ich im Inneren mit Gott geredet und gesagt: »Lieber Herr, dieses Geld könnte ich jetzt genau dringend brauchen.« Wir hatten nämlich ein Bauprojekt vor und durch die allgemeinen Kostensteigerungen zu jener Zeit hatte ich in meiner Finanzierung eine Lücke von 76 000 DM. Ich wusste nicht, wie man diese Lücke schließen könnte.

Der Lastzug fuhr ab und ich wandte mich dann wieder meinem Tagesgeschäft zu. Durch die vielseitigen geschäftlichen Anforderungen vergaß ich diese Sendung auch bald. Einige Wochen später kam mein Steuerberater und sagte: »Herr Hänssler, ich muss Ihnen da etwas berichten. Sie bekommen Geld vom Finanzamt zurück.« Nun hatte ich schon immer mal wieder Geld vom Finanzamt zurückbekommen, aber da handelte es sich immer nur um kleinere Beträge. So dachte ich in diesem Augenblick an 50 oder 100 DM.

Der Steuerberater sagte zu mir: »Wenn ich Ihnen das sage, müssen Sie auf dem Stuhl sitzen.« Ich fand das schon etwas eigenartig und wartete gespannt, was da auf mich zukommen sollte. Dann erklärte mir der Steuerberater, dass sich durch dieses Bauvorhaben die Steuerart verändert habe und wir für dieses Vorhaben Investitionssteuer zu zahlen hätten und das sei weniger als die sonst üblichen Steuern. Und dann schaute er mich verheißungsvoll an und meinte: »Herr Hänssler, Sie bekommen vom Finanzamt 76 000 DM Steuer zurück.« Das hatte ich in meinen kühnsten Träumen nicht erwartet. Gott verzinst reichlich, sehr reichlich.

Meine Lektion war: Gott weiß um deine Bedürfnisse und er ist in jeder Situation da.

Gott ist da, auch wenn seine Gedanken höher sind als unsere Gedanken. Von der Freizeitarbeit des Württembergischen Brüderbundes aus war uns allen klar, dass wir ein Freizeitheim benötigten. Gründe gab es genug dafür und so beteten wir für ein solches Haus. In dieser Zeit bot uns ein lieber Freund ein Grundstück an – direkt am Wald gelegen, verkehrstechnisch gut zu erreichen. Außerdem befand sich dieses Grundstück am Rande eines Naturschutzgebietes und hatte eine gute Aussichtslage. Andere Freunde hörten davon, und abgesehen von dem Grundstück, das wir umsonst bekommen haben, meldete sich ein Architekt, der kostenlos die Baupläne machen wollte.

Selbst ein Geometer wollte ohne Kosten die Vermessungen vornehmen, und andere gute Mitarbeiter machten weitere verlockende Angebote. Wir waren uns eigentlich sicher, dass der gute Herr uns dort in Waldenbuch ein Freizeitheim schenken wollte. Die Baupläne wurden angefertigt und im Großen und Ganzen auch genehmigt, bis auf die Naturschutzbehörde. Wir haben alles Mögliche versucht, Eingaben gemacht, Gespräche gesucht und alles half nichts. Das ganze Projekt scheiterte am Naturschutz und uns blieb nichts anderes übrig, als diesen geplanten Bauplatz wieder seinem Eigentümer zurückzugeben. Die Enttäuschung war groß. Wussten wir doch, wie notwendig solch ein Haus für die schnell wachsende Jugendarbeit war.

Rein menschlich könnte man sagen: Der Mensch denkt und Gott lenkt.

Kurze Zeit später lernten wir liebe Freunde kennen. Eine Familie wollte uns ein Grundstück, das sie vorher einer Bibelschule angeboten hatte, zum Bau eines Freizeitheimes schenken. Dabei war immer daran gedacht, ein Haus zu haben, in dem die Bibel im Mittelpunkt steht. Es begann dieselbe Prozedur noch einmal von vorn: Bauplanerstellung, Bauplaneinreichung und das vielseitige Genehmigungsverfahren. Auch dieses Mal waren die Ämter sehr wohlwollend. Nur der Naturschutz hatte noch seine großen Bedenken. Das geplante Freizeitheim war nämlich relativ groß und man würde es aufgrund der Lage schon kilometerweit entfernt sehen können. Dann kam der Tag, an dem der Naturschutz eine »Ortsbesichtigung« machte. Der leitende Beamte hatte dieses und jenes auszusetzen und wir befürchteten schon, dass auch dieses schöne Projekt scheitern könnte, wiederum am Naturschutz.

Unsere Freunde, die uns den Bauplatz geschenkt hatten, besaßen einen sehr intelligenten großen Hund, lang behaart und mit großem buschigen Schwanz. Als die Situation reichlich kritisch war, hat dieser Hund, Tell war sein Rufname, sich plötzlich um den Beamten des Naturschutzes gekümmert. Er ist ihm fast zwischen den Beinen durchgerannt und der Beamte hätte darauf beinahe reiten können. Das muss für ihn ein so tief greifendes Erlebnis gewesen sein, dass ihm, Naturschutz hin, Naturschutz her, alles gleichgültig war und er sich nur noch um diesen Hund kümmerte und schlussendlich auch dem Bauvorhaben zustimmte. Wie waren wir froh darüber und mit vielen Mitarbeitern und vielen 10 000 freiwillig geleisteten Arbeitsstunden kam dann dieses Freizeitheim in Friolzheim zustande. Dort wurde dann bald auch eine jährliche Kurzbibelschule eingerichtet, und wir waren wirklich sehr dankbar dafür.

Im Nachhinein überlegt man sich durchaus, warum Gott in Waldenbuch nein sagte und in Friolzheim ja. Ich habe bis heute nur eine schlüssige Antwort darauf. Bei dem Projekt in Waldenbuch waren wir noch recht kleingläubig und hatten 28 Betten geplant. Das große Haus in Friolzheim hat, zumal gleich der zweite Bauabschnitt mit in Angriff genommen wurde, nun 160 Betten Kapazität. Bis heute meine ich, dass es gerade die Größe war, die Gott für dieses Freizeitzentrum so haben wollte.

Mein Lektionsstoff war wieder: Gott ist da, auch wenn er nicht immer auf jeden unserer Pläne eingeht.

Und noch ein Weiteres: Wenn Gott zu unseren Plänen nein sagt, hat er immer noch etwas Besseres für uns bereit.

In unserem Jugendkreis hatten wir einen jungen Burschen mit dem Namen Dieter. Ich hatte immer den Eindruck, dass er seiner gläubigen Oma zuliebe den Jugendkreis besuchte. Er machte zwar mit, aber zu einer Lebensentscheidung ist es leider nicht gekommen. Im Laufe der Jahre haben wir uns aus den Augen verloren. Ich erfuhr noch, dass er eine Druckerausbildung gemacht hat. Die nächste der sporadischen Informationen, die ich indirekt erhielt, war die, dass er sich verheiratet hat. Dann hörte ich viele Jahre nichts.

Eines Tages bekam ich einen Brief aus Kanada. Es war ein langer Brief. In diesem Schreiben berichtete Dieter über seine Lebensführung. Er war ausgewandert und hatte dort auch das große Glück gesucht, aber irgendwie hat es in Amerika nicht mehr mit der Arbeitsstelle geklappt, er wurde arbeitslos. Dann ging zu allem Negativen in seinem Leben auch noch seine Ehe kaputt. Nun saß Dieter in Kanada und wusste nicht, wie sein Lebensweg weitergehen sollte. In diesem Brief aber und in nachfolgenden berichtete er, wie er dann in Kanada sich plötzlich an das erinnerte, was er im Jugendkreis bei den Bibelarbeiten gehört hatte. Das Gehörte wurde ihm so wichtig, besonders in seiner sehr schwierigen Situation und er fand dort zum lebendigen Glauben an Jesus Christus. Es gab eine ganze Lebenswende. Er war wieder eingebunden in eine gute, geistliche Gemeinschaft und schrieb dann nach 35 Jahren, wie Gott ihn geführt hatte. Er bedankte sich für das, was er im Jugendkreis aufgenommen hatte. Der Same, der ausgestreut worden war, ist aufgegangen.

Was ist das doch für ein Geschenk, zu sehen: Gott ist da, auch in Kanada.

Lobgesänge
in der Nacht

Kurz vor dem Zweiten Weltkrieg war in der Versammlung unseres Heimatdorfes ein französischer Pfarrer zur Wortverkündigung eingeladen. Mit seiner Frau sang er Lieder zur Ehre Gottes und predigte mit großer Freude das Evangelium. Beide nahmen sich auch viel Zeit zur Seelsorge.

Wie üblich waren die Referenten in meinem Elternhaus untergebracht. Da wurde viel erzählt und viel gesungen. Paul Siefer, so hieß der Pfarrer, war nämlich sehr musikalisch. Er komponierte einige neue Melodien, manchmal zu neuen Texten, oft auch zu bereits bekannten Liedtexten, und spielte sie dann auf dem Klavier. Als Zwölfjähriger hörte ich zu, und eine neue Melodie zu dem Lied »Auf, ihr Christen, Christi Glieder« blieb bei mir irgendwie hängen.

Als die Tage der Wortverkündigung beendet waren, reisten Paul Siefer und seine Frau in ein kleines Dorf auf der Schwäbischen Alb. Schon nach den ersten Versammlungen tauchte plötzlich die Geheime Staatspolizei auf und verhaftete das Ehepaar, ohne Angabe von Gründen. Sie wurden ins Konzentrationslager Dachau gebracht, wo sie fast fünf Jahre waren, wie wir nach Kriegsende erfuhren. Zunächst aber gab es keinerlei Informationen. Auskunftssperre! In dieser Zeit spielte ich dieses Lied mit der neuen Melodie von Paul Siefer, so hatte es sich im Gedächtnis festgesetzt (im Zusammenhang mit Musik habe ich mich immer leichter getan, mir Texte zu merken) und mein Vater schrieb dann die Melodie auf, machte dazu einen Chorsatz, den er in einer kleineren Auflage drucken ließ.

Jetzt, nach dem Geschehen mit der Verhaftung, bekamen die Verse des Liedes noch einen tieferen Sinn. Es war fast eine innere Vorbereitung auf das kommende schwere Erleben. Ich sehe diesen Mann noch vor mir, wie er mit großer innerer Freude, die ansteckend wirkte, die Zeilen dieses Liedes sang:

Dass wir einst an jenem Morgen
steh´n in seiner Klarheit Schein,
da das Leid dieser Zeit
werden wird zu lauter Freud.

Pfarrer Siefer habe ich nie wiedergesehen. Ich hörte nur, dass er etwas enttäuscht war, dass Brüder und Schwestern so wenig für seine Freilassung unternommen hatten.

Sein Glaube hat sich in diesen Jahren der Haft bewährt. Die innere Freude ist dem »Leid dieser Zeit« nicht gewichen.

In den fünfziger Jahren, ich hatte einen alten DKW mit Handschaltung mein Eigen genannt, bat mich mein Vater, ihn zu zwei Krankenbesuchen in ein entferntes Altersheim zu fahren. Mehr widerwillig begleitete ich ihn.

Zuerst kamen wir zu einer älteren Dame ins Zimmer. Diese Frau war eigentlich noch recht mobil, fand ich, war sie vielleicht etwas zu frühe im Altersheim gelandet? Ihr Auftreten war recht aktiv, besonders funktionsfähig war ihr Mundwerk. Sie sang ein Jammerlied nach dem anderen:

»Alles ist nicht gut hier, die Menschen, die Zimmer. Die Suppe kommt immer kalt, das Essen ist allgemein kaum zu genießen. Ich kriege keine Besuche und das Personal ist unfreundlich.«

So war die Melodie mit vielen Versen unterlegt. Ich wunderte mich, dass mein Vater trotzdem mit dieser Frau ein Gebet sprach.

Dann der andere Besuch. Nur wenige Zimmertüren weiter lag ein älterer Mann, sichtlich von Krankheit und Alter gezeichnet. Der ganze Organismus war nicht mehr intakt. Nichts »funktionierte« mehr, er war in allem auf fremde Hilfe angewiesen. Der Mann war blind und fast gelähmt. Er konnte meinen Vater erst erkennen, als er seinen Namen nannte. Dann erlebte ich genau das Gegenteil vom ersten Besuch. Dieser Mann freute sich, ja er freute sich über alles. Die Grundstimmung war Dankbarkeit, die bei seiner körperlichen Verfassung eigentlich überhaupt nicht zu erwarten war.

Mein Vater und er sprachen über alles, was Gott getan hatte und was er noch tut.

Die Grundstimmung war: Der Herr hat Großes an uns getan.

Das war dann auch das Stichwort für den Bettlägerigen. Er sagte mit großer Freude, selbst die blinden Augen leuchteten, einen Liedvers, der früher viel gesungen wurde und im »Reichsliederbuch« und vielen anderen Liederbüchern enthalten war:

Herr, du hast Großes an uns getan,
jubelnd im Staube wir beten dich an,
preisen die Macht deiner Gnade vereint,
du unserer Seele getreuester Freund.
Herrlichkeit dir, Jesus allein:
Alles, was Odem hat, stimme mit ein.
Herrlichkeit, Jesus, ja Jesus allein.

Der dies sagte, war Eduard Rupprecht, der Dichter des Liedes. Für mich bewegend. Zwei Besuche, zwei Welten. Hier bei E. Rupprecht wurde der Sieg von Jesus transparent in einem so sehr gebrechlichen Menschen, der sich an den großen Taten Gottes freut und sie rühmt.

Gott gestaltet
ein Leben

Rückblickend kann ich nur mit großer Dankbarkeit erkennen, wie gut es der gute Hirte mit mir gemeint hat. Er hat mich sehr viel Schönes erleben lassen und natürlich kann in einer knappen Veröffentlichung nur ein Bruchteil dessen berichtet werden.

Gott achtet wirklich auf die Spuren unserer Füße und leitet und führt oft überraschend und so nicht vorhersehbar. Wenn Gott ein Leben gestaltet, tut er das nach seinen Plänen und nicht immer nach unseren Wünschen. Insoweit kann ein Leben mit Jesus wirklich auch aufregend schön sein.

Ich dachte auch, und viele denken so, dass eigentlich, wenn Jesus die Verantwortung für unser Leben hat, dann alles super laufen müsste. Nun sind aber in der Planung Gottes auch Teststrecken enthalten, dunklere Wege, so recht geeignet, um die Echtheit unseres Glaubens und unseres Bekennens zu prüfen. Unser guter Herr weiß genau, wie viel er uns zumuten kann und wie viel unser Glaube, dessen Anfänger und Vollender er ja ist, sozusagen ertragen kann. Neben sehr vielen Höhepunkten, und die sind in meinem Leben sehr zahlreich gewesen, hat es auch manche dunklen Strecken gegeben, die ich nach meinem menschlichen Denken mir gerne erspart hätte.

Da waren immer wieder lebensbedrohende Krankheiten. Als kleiner Bub hatte ich eine schwere Augenentzündung, die auch trotz aller medizinischer Hilfe nicht heilen wollte. Der frühere Gärtnerbursche von Otto Stockmayer, ein einfacher, aber vollmächtiger Mann, handelte mit mir nach Jakobus 5 und ich wurde gesund und hatte seither nie wieder Schwierigkeiten mit den Augen. Als 9-Jähriger hatte ich Diphtherie. Es war eine Epidemie in unserem Ort, der viele Kinder zum Opfer fielen. Allein aus der nächsten Verwandtschaft waren es drei, darunter mein bester Freund Hermann. Wie durch ein Wunder blieb ich am Leben. Es wurde damals ein so genanntes »Pferdeserum« erprobt, das bei mir die Wirkung hatte, dass ich einige Tage überhaupt nichts sah und erst nach acht Tagen wieder die großen Buchstaben des Zeitungstitels lesen konnte.

Über eine schwere Tuberkuloseerkrankung, mit häufigem und starkem Lungenbluten, berichtete ich bereits in einem früheren Beitrag. Gott antwortete auf das Gebet und der Heilungsprozess setzte schlagartig ein, nachdem ich in allergrößter Schwäche dem Herrn in der Stille gesagt hatte, dass ich mit allem einverstanden sei, ob er mich wegnehmen oder am Leben erhalten wolle.

Zwei Jahrzehnte später fühlte ich mich außerordentlich schwach. Ich hatte einen Blutdruck, der eigentlich gar nicht mehr zu einem normalen Leben ausreichte. Dabei sah ich blendend aus und viele Leute fragten mich, ob ich direkt von Teneriffa aus den Ferien käme. Aber ich konnte kaum mehr krabbeln und war total gehemmt, Entscheidungen zu treffen, was natürlich auch den Betrieb tangierte. Nach einer Lungenembolie und Thrombose in beiden Beinen ging ich zu einem gerade in unserem Dorf neu etablierten jungen Arzt, um mir etwas für die Thrombose verschreiben zu lassen. Als ich darum bat, sagte er zu mir: »Ziehen Sie Ihr Hemd aus!«, worauf ich ihm antwortete: »Ich habe die Thrombose in den Beinen, Herr Doktor.« Er bestand darauf und sagte mir auch gleich warum. Zudem wollte er noch in meinen Rachen schauen und meine Handflächen ansehen und dann meinte er zu mir: »Sie haben eine ganz seltene Krankheit, und ich kann diese bei Ihnen diagnostizieren. Außerdem habe ich darüber mein medizinisches Examen gemacht.« Was manche vorher nicht erkannt haben, erkannte dieser junge Arzt, der zunächst nur vertretungsweise in unser Dorf gekommen war. Für mich war das kein kleineres Wunder als die Heilungen durch Gebet. Aber dieses Mal sagte der Arzt: »Nun nehmen Sie fröhlich Cortison, das ist die Substitution für diese sonst zum Tod führende Krankheit (die Nebennieren, in denen normalerweise Cortison erzeugt wird, sind total zerstört).«

Neben Krankheiten gab es auch noch andere schwierige Wegstrecken: zum Beispiel Angriffe von außen, die ertragen werden mussten. Die Publikation von manchen Büchern erfreut nicht alle Menschen und man ist als Verleger immer wieder starken Angriffen ausgesetzt, meistens absolut unberechtigt und aus Unkenntnis. Allerdings waren sehr viele auch ideologisch bedingt.

Vor Jahren veröffentlichten wir ein ganz wichtiges Buch über die Bhagwanbewegung aus dem indischen Pune mit dem Namen »Der Todeskuss«, das ist ein Zitat des Bhagwans. Noch ehe das Buch ausgeliefert wurde, bekam ich einen Telefonanruf mit der kurzen Bedrohung: »Wir werden Ihnen den Todeskuss verpassen.«

Ein ehemaliger SS-Mann schrieb mir: »Ich freue mich auf den Tag, wo man Sie einmal aufhängt.« Ein anderer Zeitgenosse sandte mir einen Brief, in dem stand: »Am liebsten würde ich Sie heute noch vergasen!« Oder ich bekam einen Anruf, »Judenfreund verschwinde«, und dann klickte das Telefon. Es ist eindeutig, aus welcher Ecke diese Drohungen kamen.

Es behagt eben nicht allen Menschen, wenn man ein Freund des jüdischen Volkes ist. Zweimal hatten wir auch Bombendrohungen, allem Anschein nach aus dem Umfeld des Islam. Da wurde uns gedroht: »Wir haben in Ihrem Lager eine Bombe versteckt, die hochgehen wird.«

In diesen Fällen hatten wir zwei Wochen lang Polizeischutz. Von deren Seite wurde die Sache sehr ernst genommen, da an anderer Stelle dieselbe Stimme auch eine Bombendrohung ausgesprochen hatte und diese auch ausgeführt wurde.

Einmal war dann die Kriminalpolizei im Hause, um alles aufzunehmen und eine Fangschaltung einzubauen. Als mein Gespräch mit dem Chef der Kriminalpolizei fast schon beendet war, fragte er mich: »Sagen Sie mal, Herr Hänssler, ich habe solche Dinge ja häufiger zu machen und in der Regel sind die Leute dann sehr aufgeregt. Sie scheinen so ganz ruhig zu sein, wie erklären Sie sich das?« Ich wusste nicht, wie ich antworten sollte und schwieg dann lieber. Natürlich wusste ich, dass ich in der Hand des guten Hirten lebe. Nach einer gewissen Zeit des Schweigens sagte dieser Kriminalbeamte: »Wissen Sie, ich habe das von Ihnen eigentlich auch gar nicht anders erwartet, ich war vor Jahren einmal bei einer Bibelfreizeit mit Ihnen.«

Er wollte damit ausdrücken, dass, wenn man Gott vertraut, dies auch seine Auswirkungen haben muss auf unser Verhalten – auch in schwierigsten Situationen.

Es gab auch andere Schwierigkeiten. Ich habe schon erwähnt, dass, nachdem wir fünf quicklebendige Kinder hatten, die man eigentlich immer bremsen musste, dann ein behindertes Kind zur Welt kam: unser Jürgen. Das war für uns, besonders für meine Frau, nicht so einfach zu akzeptieren und zu bewältigen. Viele Fragen drängten sich auf: Ist das eine Strafe Gottes? Dabei wussten wir ja aus der Bibel, dass »die Strafe auf ihm liegt«. Es war nicht einfach für uns als Familie. Wir hatten ein Jahr lang auch noch zwei weitere Pflegekinder aus dem Milieu der Mitternachtsmission zu unseren sechs eigenen. Rückblickend können wir aber sagen, dass dieses behinderte Kind für uns, für die ganze Familie ein Segen gewesen ist und noch bleibt.

Neben den bereits erwähnten Problemfeldern gab es auch noch ein ganz anderes: wirtschaftliche Schwierigkeiten. Für mich war erstaunlich, dass ein größerer Teil der Kritik, die am Verlag und an mir geäußert wurden, absolut unberechtigt war und meistens auch von Leuten ausgesprochen wurde, die mich noch nie gesehen und noch nie mit mir persönlich gesprochen hatten.

Da bekam ich dann Briefe: »Wollen Sie sich denn zu Lebzeiten schon ein goldenes Bad bauen?« Die häufigste Kritik war immer: »Sie wollen mit Ihrem Christentum doch nur einen Haufen Geld verdienen.«

Wenn diese Leute auch nur den geringsten Einblick in die Arbeit des Verlages gehabt hätten, die sehr missionarisch und evangelistisch geschieht, hätten sie wissen können, dass man mit dieser Art Literatur, die klar das Evangelium bezeugt, nicht reich werden kann. Wir haben sehr vieles für die Ostländer eingesetzt und auch im deutschsprachigen Bereich, vielleicht manchmal zu viel. Doch wir sehen unsere Aufgabe eindeutig in der Verkündigung der frohen Botschaft. Eigentlich hätten wir gerne noch viel mehr Literatur kostenlos weitergegeben.

Natürlich macht man als Unternehmer auch oft Fehler, und es ist für mich schon ein Wunder, dass Gott immer wieder durchgeholfen hat. Auch wenn er mich gerade in den letzten beiden Jahren so tiefe Wege geführt hat, die ich mir gerne erspart hätte, macht er das alles so, dass schlussendlich noch viel mehr Evangelium unter die Leute gebracht werden kann. Es soll eindeutig und klar werden, dass seine Kraft in den Schwachen mächtig ist. In diesem Zusammenhang habe ich mir einige Bibelworte persönlich eingeprägt: Gott lässt uns alles zum Besten dienen, wie es in dem Wort heißt: »Wir wissen aber, dass denen, die Gott lieben, alle Dinge zum Besten dienen.« (Röm. 8,28)

Beim Überdenken dieser oft dunklen Wege spielt natürlich auch das Wissen um eigene Schuld eine Rolle. Oft sind Dinge, die durch falsche Entscheidungen verursacht wurden, nicht mehr wieder gutzumachen oder nur teilweise. Für mich bewirkt dies ein noch viel innigeres Abhängigkeitsverhältnis von Jesus. Gewiss hat er damit auch seine Ziele und lässt sich in seiner Planung für ein Menschenleben und in der Ausgestaltung eines Menschenlebens von niemandem und nichts abhalten.

Natürlich bleiben Fragen offen, warum Gott solche Schwierigkeiten, die bis ins Mark treffen, zugelassen hat. Ich bin aber überzeugt, dass mir diese Frage noch beantwortet werden wird.

Eine Antwort hat mir Paulus schon gegeben, wenn er schreibt:

»Das geschah darum, dass wir unser Vertrauen nicht auf uns selbst sollen stellen, sondern auf Gott.« *(2. Kor. 1,9)*

Unser Jürgen

Unser Jürgen

»Mensch, wirst du nicht ein Kind,
so gehst du nimmer ein,
wo Gottes Kinder sind,
die Tür ist gar zu klein.«
Angelus Silesius

Wir sind eine große Familie. Mit vier Buben und zwei Mädchen beschenkt, war unser Leben manchmal entsetzlich aufregend, aber nie langweilig. Nach fünf quicklebendigen Kindern, die alle voller Leben sprühten, gab uns Gott noch ein behindertes, mongoloides Kind, unseren Jürgen. Er war anders als alle anderen Sprösslinge, hatte aber doch auch seine ganz besonderen, einmaligen Gaben. Eine seiner Gaben ist direkt phänomenal: ein großartiges Musikgedächtnis. Er hörte einmal eine weithin unbekannte Komposition von César Franck während einer Autobahnfahrt von Stuttgart nach München zu seinem Facharzt. (Professor Dr. Wunderlich hatte sich auf die Behandlung von Kindern mit einer geistigen Behinderung spezialisiert und hatte selbst zwei solche Kinder. Wir fuhren in regelmäßigen Abständen zu ihm.) Einige Jahre später hörte er dieselbe Musik zum zweiten Mal und kommentierte sofort: »Das haben wir auf der Fahrt zu Dr. Wunderlich gehört.«

Noch ganz anders zeigte sich dieses Gedächtnis. Üblicherweise hat meine Frau vor dem Zubettgehen mit Jürgen immer gebetet. Dieses Vorrecht hat er auch kräftig beansprucht. Da wir in unserem Haus viele Gäste aus aller Herren Länder hatten, kam es gelegentlich vor, dass meine Frau erst geraume Zeit, nachdem Jürgen zu Bett gegangen war, zu ihm ins Zimmer trat. Sie hatte dann meist mit ihm abgesprochen, dass er einstweilen mit seinem Abendgebet schon beginnen sollte. Die Mama würde dann nachkommen. Nun geschah es bisweilen, dass meine Frau erst fünfzehn bis zwanzig Minuten später nach Jürgen sehen konnte und er immer noch in seinem Bett saß und zuerst vorformulierte Liedverse betete, dann aber auch für Menschen betete, die irgendwann einmal in unserem Haus gewesen waren. Er nannte dann vor Gott viele Namen von Personen, die vielleicht schon seit Jahren aus unserem Gesichtskreis und damit manchmal auch aus unserem Gedächtnis verschwunden waren. Ich bin schon gespannt darauf, in der Ewigkeit gerade darüber noch mehr zu erfahren.

Ein weiteres Erlebnis mit unserem Jürgen gab mir sehr zu denken.

Häufig hatte ich an Sonntagen Predigtdienste. Wenn es möglich war, fuhr die ganze Familie mit, ein siebensitziger Peugeot machte es möglich. Eines Tages wollten wir zu einer Bibelstunde in einem kleinen Dorf auf der schwäbischen Alb fahren. Diese Bibelstunde begann um 14.00 Uhr, also mussten wir vorher irgendetwas zu Mittag essen. Wir entschieden uns zu einem der ganz seltenen Besuche in einem Landgasthof. Das war für die Familie schon etwas ganz Besonderes, allerdings auch etwas besonders Kostspieliges. Und auch das sollte erwähnt werden: Wir wollten und konnten nicht zur sonntäglichen Mittagessenszeit bei unseren Freunden einfallen. Diese erwarteten nämlich eine Bibelstunde und keine »Heuschreckenplage«. Als wir in die sehr große ländliche Gaststube traten, waren wir doch froh, dass bald ein Tisch frei wurde. Das Restaurant war erstaunlich gut gefüllt. Bald wurde dann auch unsere Mahlzeit serviert: Die Kinder waren glücklich über Bratwurst und Kartoffelsalat. Dann neigten wir, das heißt, Eltern und schulpflichtige Kinder, den Kopf zum stillen Gebet – wir wollten Gott für das bereitstehende Essen danken, aber damit auch möglichst nicht auffallen. So weit, so gut. Noch kannte ich weder Bärbel Wildes Ausspruch »Wer von Gott spricht, braucht nicht zu flüstern« noch die eindeutigen Gepflogenheiten meiner vielen amerikanischen Freunde, die sich nicht schämen, auf dem Gehweg einen Kreis zu bilden und laut miteinander zu beten.

Falls wir damals gedacht haben, wir hätten unserer Dankespflicht gegenüber dem Geber aller guten Gabe Genüge getan, dann war das bestimmt ein Irrtum. Noch ehe die Mahlzeit auch nur annähernd beginnen konnte, protestierte Jürgen lautstark, in der vollen Gaststube hörbar. Es entspann sich folgender Dialog mit mir:

»Warum beten wir heute nicht?«

»Wir haben doch eben gebetet, nur eben still, weil so viele Leute im Raum sind.«

»Wir haben heute nicht gebetet!«

»Doch, Jürgen, wir haben gebetet, nur anders!«

Jürgen war sich seiner Sache sehr sicher und wurde deshalb auch stimmgewaltiger.

»Wir müssen jetzt noch beten!«

Er erregte dadurch ungeteilte Aufmerksamkeit in der gefüllten Gaststube.

Bei aller Kenntnis der Sachlage war mir und natürlich auch allen anderen der Familie klar, dass an einem hörbaren, lauten Gebet kein Weg mehr vorbeiführte. Ich fügte mich ins Unabwendbare, um einen weiteren Eklat zu vermeiden. Halb mutig betete ich, im ganzen Raum hörbar. Jürgen war auch völlig zufrieden, schließlich waren jetzt alle Hindernisse, die einem geordneten Mittagessen im Wege standen, beseitigt. Es gab eine fröhliche Runde.

Nachher machte ich mir noch so meine eigenen Gedanken darüber. Wieso sollte eigentlich das, was in der Familie so ganz natürlich, selbstverständlich und normal war, im Restaurant unnatürlich und unnormal sein? Ich kam zu der Überzeugung, dass in den Augen Gottes unser »Behinderter« ganz sicher der »Normale« war. Und natürlich begann ich auch über das Wort von Jesus nachzudenken:

»Ich preise dich, Vater, Herr des Himmels und der Erde, weil du dies den Weisen und Klugen verborgen hast und hast es den Unmündigen offenbart.« *(Mt. 11,25)*

Und auch daran wurde ich erinnert:

» ... Es sei denn, dass ihr euch umkehret und werdet wie die Kinder, so werdet ihr nicht ins Himmelreich kommen. Wer nun sich selbst erniedrigt wie dies Kind, der ist der Größte im Himmelreich.« *(Mt. 18,3.4)*

Übrigens, das mit dem »lauten« Beten, das haben wir seitdem – bis heute – beibehalten. Es ist für uns nun ganz normal!

Das Bekenntnis

Das Bekenntnis

Mit die schönsten Zeiten unserer Familie, unserer Jugendarbeit, waren die Freizeiten, die immer noch eine großartige Möglichkeit sind, um Menschen mit dem Wort Gottes zu erreichen und um Gemeinschaft zu erleben.

So eine Freizeit kann ja durchaus spannend sein, wenn man die Teilnehmer erst kennen lernt, während sie in den Bus zur Abfahrt einsteigen. Da habe ich schon viele gute, aber auch manche eher unliebsamen Überraschungen erlebt. Die Teilnehmerzahl schwankte bei jeder Freizeit. Je nach den Unterbringungsmöglichkeiten waren zwischen 40 und manchmal bis zu 140 Personen mit dabei. Im Großen und Ganzen waren diese Zeiten für uns in jeder Hinsicht bereichernd. Man kam in die Ebene und in andere Länder, man kam ans Meer oder an einen See, überall in wunderschöne Musterbeispiele der unerschöpflichen Vielfalt des Schöpfergottes. Natürlich fanden solche Freizeiten auch oft im Gebirge statt. Da ich schon einige Bergerfahrung hatte, wurde ich auch immer wieder als Leiter solcher Freizeiten angefragt.

Wieder einmal nahmen wir dann an einer Gebirgsfreizeit mit insgesamt etwa 95 Gästen teil. Von der Zusammensetzung der Teilnehmer her versprach diese 14-tägige Freizeit auf jeden Fall recht abwechslungsreich zu werden. Es wurde wirklich eine sehr schöne Freizeit mit interessanten Leuten – eine Menge Abiturienten waren mit dabei und es war auf jeden Fall nie langweilig. Im Freizeitprogramm war vorgesehen, mit solchen von guter körperlicher Kondition eine größere Bergtour zu machen. Da waren zwar keine Klettereien enthalten, aber bei heißem Wetter war diese Wanderung doch recht anstrengend. Es mussten immerhin 1400 Höhenmeter bewältigt werden. Davon wanderten wir schätzungsweise nur 300 Meter im Schatten.

Natürlich wurde vorher sehr deutlich gesagt, dass nur diejenigen mitgehen sollten, die sich das auch zutrauen können. Parallel zur Bergwanderung gab es ein Ersatzprogramm. In der Hoffnung, dass alle, die in Bergwanderungen nicht geübt waren, zurückblieben, brachen wir am frühen Morgen auf. Es waren Leute dabei, die diese Tour schon ein- oder zweimal gemacht hatten und sozusagen ungebremst auf die Höhen stürmten. So zog sich der Trupp der Bergwanderer schnell weit auseinander. Ich sah es deshalb als meine Aufgabe an, Schlussmann zu sein, damit niemand unterwegs verloren ging. Solange wir im Schatten von Bäumen waren, ging alles gut. Aber nachdem ein Fünftel des Anstiegs hinter uns lag, gab es schon die ersten »Fußkranken«. Weil aber doch erfahrene Leute dabei waren, konnten die dann weitermarschieren, bis auf einen Teilnehmer, von dem ich gehofft hatte, dass er auf jeden Fall nicht zur Wanderung mitgehen würde. Schon nach 30 Minuten hing er als Schlusslicht an der Gruppe, machte die ersten »Kunstpausen« und nachdem er zu allem noch sehr gut gebaut war und ein nicht unbeträchtliches Gewicht auf den Berg schleppen musste, ahnte ich schon Schlimmes. Zur Vorsicht schnitzte ich vom Holz der letzten Büsche einen Stock und zog dann diesen Teilnehmer Meter für Meter nach oben. Der Abstand zwischen der Gruppe und uns beiden war riesig. Nachdem etwa 40 % der Wegstrecke mit Ach und Krach bewältigt war, machte ich dem Teilnehmer den Vorschlag, ob wir nicht doch wieder absteigen sollten. Das lehnte er jedoch ab und weiter ging es im Schneckentempo, immer aufwärts, wobei es immer heißer wurde. Ich musste schieben, meistens ziehen und langsam merkte ich, dass meine Kräfte an diesem Tag nicht die besten waren, denn die pralle Sonne verursachte erhebliches Kopfweh. Als etwa 60 % der Strecke bewältigt waren, bat ich um eine kurze Verschnaufpause, denn von dieser »Doppelleistung« war mir total übel und ich konnte nicht mehr weitergehen. So saßen wir da. Im Innersten hatte ich mir schon vorgenommen, nie wieder diesen Berg zu besteigen. Da fing mein am Stock hängender Teilnehmer an und fragte, ob er mit mir sprechen könnte. Und ich wusste nicht, was das in diesem Augenblick sollte, ich war kaum in der Lage, ein Gespräch zu führen, so schlecht war es mir. Was dann kam, war ein Schuldbekenntnis. Mein Mitwanderer wollte eine Sache in Ordnung bringen und verändern. Er stand in einer unerlaubten Beziehung zu einem in einer Ehe lebenden Menschen. Das war alles so ehrlich und so tief gehend in dieser seltsamen Situation und wir beteten dann miteinander und gaben Gott die ganze Schuld ab. Mein Teilnehmer, so hatte ich wenigstens den Eindruck, marschierte von da an wesentlich zügiger nach oben, ich dagegen eher schlechter. Vom Berggipfel hörte man schon Jauchzer der Ersten, die dort längst angekommen waren und an ein Zurück war im Augenblick überhaupt nicht mehr zu denken, da der Abstieg ja in eine andere Richtung ging. Ich zog also weiterhin meinen »Gefährten« am Stock nach oben. Es wurde für mich immer beschwerlicher und als ich den Gipfel des Berges erreicht hatte, ging es mir so schlecht, dass ich mich einfach auf einen glatten Fels legte. Nach kräftigem Erbrechen hatte ich einen Kreislaufkollaps. Dieses Schuldbekenntnis am Berg war schon eine seltsame Geschichte. So hatte ich mir die Wirkung des Wortes Gottes nicht vorgestellt. Nach einiger Zeit des Ausruhens konnte ich dann doch den Abstieg wagen. Als wir uns nach unten aufmachten, war der größte Teil der Gruppe schon fast wieder im Freizeitheim angelangt. Für mich war wieder einmal erstaunlich, wie unser guter Herr immer neu und immer wieder anders in ein Menschenleben eingreift, Schuld vergibt und Lebensveränderung schenkt. Am nächsten Tag war die Strapaze vergessen, aber die Freude über das Eingreifen Gottes ist geblieben.

Der Flügel

Der Flügel

Anlässlich unserer Hochzeitsreise kamen wir in Kontakt mit Missionaren und Missionskandidaten einer bekannten Bibelschule der Schweiz. Es ging uns eine neue Welt auf. Seither hatte Mission mehr oder weniger Gebet für einige wenige Missionare bedeutet, die wir persönlich kennen lernten, für die wir auch immer wieder beteten. Das war es dann auch schon.

Dort wurde uns zum ersten Mal bewusst, was Weltmission bedeutet. Besonders angesprochen wurden wir beide durch das gerade erschienene Buch »Glühende Retterliebe«. Dies vermittelte uns den großen Horizont der Liebe Gottes.

In Erinnerung an unseren schwäbischen Landsmann Gustav Werner, der einmal formulierte: »Was nicht zur Tat wird, hat keinen Wert«, wollten wir praktisch werden. Nachdem aus verschiedenen, besonders auch gesundheitlichen Gründen, eine vollzeitliche Aufgabe als Missionare im Ausland nicht in Betracht kam, wollten wir mit unseren sehr bescheidenen finanziellen Mitteln am großen Missionsauftrag für die Welt mithelfen.

Obwohl wir damals ein Mini-Gehalt bekamen und gerade auch ein betriebliches Bauvorhaben mehr schlecht als recht zu finanzieren hatten, versprachen wir Gott einen bestimmten monatlichen Betrag für die Mission. Es war für uns sehr viel. Bei intensivem Nachdenken über die Situation bedeutete das Einschränkungen im Haushalt. Zudem erwarteten wir nach dem ersten Kind bald darauf das zweite. In unserer neuen Wohnung, in einem Mehrfamilienhaus, hatten wir nicht allzu viel Ausstattung. Das bedeutete aber keine Schwierigkeit für unsere junge Familie, wir waren an sparsames Improvisieren gewöhnt.

Das größere Problem bestand aber darin: Bis zu diesem Zeitpunkt war der Hänssler Verlag ein reiner Musikverlag. Es kamen relativ viele Chorleiter und baten um Beratung. Um ein neues Chorlied zu erklären und sozusagen »vorzuführen«, brauchten wir dringend ein Klavier. Ein solches zu kaufen, war aber bei unserer damaligen finanziellen Situation schlichtweg undenkbar. Es gab zwar eine Behelfslösung, denn ein Stockwerk über uns wohnte ein befreundetes junges Ehepaar. Sie hatten ein Klavier und waren immer wieder bereit, ihre Wohnstube mit Klavier mir als »Vorführraum« zur Verfügung zu stellen. Es war allen Beteiligten klar, dass das ganz gewiss keine Dauerlösung war.

Wir stellten die Situation unserem guten Herrn anheim, er wusste, warum wir kein Klavier hatten, aber dringend eines brauchten.

Einige Zeit später rief eine liebe Tante meiner Frau an und bemerkte nebenbei, sie war eine echt gute »Familientante«, sie habe gehört, wir hätten kein Klavier und das sei für einen Musikverlag ja eine unmögliche Situation. Nun, so weit waren wir mit unseren Überlegungen auch schon gekommen. Etwa 14 Tage später rief diese Tante wieder an und sagte, dass sie von einer befreundeten Baronin erfahren hätte, ihr schöner Flügel stünde bei ihrem Neffen im feuchten Seeklima des Bodensees in Überlingen. Zudem gäbe es dort auch ein Platzproblem. Sie suche einen Platz im trockeneren Klima, wo dieser Flügel untergestellt werden könnte. Wir konnten mit wachsender Begeisterung unser großes Wohnzimmer, in dem sich auch ein Jugendkreis regelmäßig versammelte, anbieten. Wir durften dann den Flügel abholen, in unsere Wohnung stellen und nach Herzenslust darauf spielen.

Natürlich wollten wir alles recht machen, sodass die Baronin mit dem Standort voll zufrieden sein konnte. Wir luden sie zur Besichtigung ein, ich hätte beinahe geschrieben »zur Inspektion«. Sie konnte aus Zeitgründen leider dieser Bitte nicht nachkommen. Weitere Einladungen unsererseits folgten, auch diese ohne Erfolg. Der Flügel fühlte sich wohl in unserem Wohnzimmer. Er wurde inzwischen auch noch von unseren mittlerweile sechs Kindern benutzt oder traktiert, je nachdem. Jahre später fragte die »Familientante« gelegentlich an, was aus dem Flügel geworden sei. Wahrheitsgemäß sagte meine Frau: »Er steht immer noch hier bei uns. Frau Baronin hat mehrfach gesagt, sie werde uns besuchen, konnte dies aber anscheinend nie ermöglichen.«

Kurze Zeit später wieder ein Anruf der Tante: »Baronin von P. hat mir gesagt: ›Sagen Sie den jungen Leuten (inzwischen waren wir nicht mehr jung!!), der Flügel wird auch immer dort stehen bleiben und grüßen Sie sie herzlich.‹«

Welch konkrete Hilfe Gottes. Welch großartiges Planen und Führen. Wir haben die Baronin nie kennen lernen können und kaum Gelegenheit gehabt, uns richtig zu bedanken.

Der Flügel, ein wertvoller Grotrian-Steinweg der Spitzenklasse, würde heute so etwa 30 000 € kosten. Nie wäre in unserer Gedankenwelt so eine Anschaffung aufgetaucht, nicht einmal in unseren Träumen. Die monatlichen Missionsgaben, für uns sehr viel, wären viel zu wenig für solch ein Instrument gewesen. Er vergilt überreich. Gott lässt sich nichts schenken. Viele bekannte Musiker haben inzwischen auf diesem Instrument gespielt. Er wird zur Zeit bei der Andacht für die Verlagsangestellten benutzt, die täglich stattfindet, und auch bei vielen Veranstaltungen im großen Konferenzraum des Verlages.

»Herr, deine Güte reicht, so weit der Himmel ist.« (Ps. 36,6)

Die Brücke

Die Brücke

Jedes Jahr in der ersten Februarwoche findet in Washington D. C. (USA) das so genannte »National Prayer Breakfast« statt – ein inzwischen eigentlich internationales Gebetsfrühstück. Das große Ereignis bringt viele Politiker und Menschen in Verantwortung zusammen, um die Frage nach Gott zu stellen. Seit Jahrzehnten nehmen zum Beispiel auch immer der jeweilige Präsident und der Vizepräsident der USA mit ihren Gattinnen teil und viele Mitglieder des Kabinetts, Senats und Repräsentantenhauses – inzwischen auch viele Verantwortungsträger aus der ganzen Welt.

Nun besteht dieses Gebetsfrühstück keineswegs nur aus diesem »großen« Anlass, sondern mehrere Tage lang finden Versammlungen, Seminare und eine fast nicht mehr überschaubare Anzahl von privaten Treffen in den Wohnhäusern der Verantwortungsträger statt. Diese Zusammenkünfte sind die eigentliche »Fellowship« (Gemeinschaft) mit weltweiten Freundeskreisen.

Gleich anschließend an das Gebetsfrühstück finden im selben Hotel in einer Reihe von größeren Sälen so genannte »Seminare« statt, bei denen mehr persönlich gehaltene Stellungnahmen, Berichte usw. in dieser internationalen »großen Familie« vorgetragen werden.

Hin und wieder wurde ich gebeten zu referieren, meinerseits mit gemischten Gefühlen, nicht zuletzt auch wegen der englischen Sprache, die da gefordert wurde.

So wurde ich wieder einmal gefragt. Meine Versuche, mich dieser Aufgabe zu entziehen, scheiterten kläglich. Zudem war schon jemand vorgesehen, der mich dort »vorstellen« sollte; jemand, der durch einen früheren Vortrag wichtige Impulse für sein persönliches Leben erhalten hatte, was mir bis dato unbekannt war. »Vorstellen« heißt bei amerikanischen Veranstaltungen, dass beinahe der halbe Lebenslauf des Redners in reichlich geschönter Art vorgetragen wird; dann darf die Ansprache beginnen.

Meine Aufgabe war u. a. über meine Erlebnisse mit Gott in der Nazizeit, meine Konfrontation mit der SS und später der Stasi zu berichten. Ich war froh, diesen Bericht, bei dessen schriftlicher Endfassung mir ein guter amerikanischer Freund noch hilfreiche Tipps gab, so einigermaßen über die Bühne gebracht zu haben. Innerlich schrie ich immer wieder zu Gott um Hilfe.

Nach dem Schlussbeifall, so ist das in der »Neuen Welt« eben, bildete sich dort eine lange »Schlange« von Menschen (line up), um dem Redner zu danken und noch einige freundliche Worte zu sagen, das ist dort eben auch so und hat für uns viel zu nüchterne, zurückhaltende Deutsche nicht allzu viel zu bedeuten.

Als sich nach einiger Zeit das Ende der »Schlange« andeutete, sah ich als Allerletzten in der Reihe einen großen kräftigen Mann, »Fabrikat Kleiderkasten«, mit eher grimmigem Gesicht und ich wartete der Dinge, die da kommen sollten. Sie kamen anders, als ich nach sehr vielen, allzu freundlichen Worten erwartet hatte. Mit lauter Stimme, ganz ernstem Gesicht fixierte er mich und sagte: »I am a jew, I am a believer in Jesus Christ und I hate all the Germans« (Ich bin Jude, ich glaube an Jesus Christus und ich hasse alle Deutschen). Perplex wie ich war, sagte ich gar nichts, versuchte mein freundlichstes Gesicht, das mir zur Verfügung stand, aufzusetzen und wartete. Mein Gegenüber, ohne irgendeine andere Ausdrucksregung, setzte wieder an: »I am a jew, I am a believer in Jesus Christ and I hate all the Germans and will never come back to Germany« (... und komme nie wieder nach Deutschland zurück).

Wiederum wusste ich nicht, was ich antworten sollte. Peinliche Situation. Mein Denkapparat fragte sich: Wie kann das sein, dass einer an Jesus glaubt und dann »Ich hasse alle Deutschen« sagt? Vielleicht hat er Schlimmes in Deutschland erlebt? Mein kräftiger Gesprächspartner, es war seither ein ausgesprochen einseitiges Gespräch, setzte zum dritten Mal an: »I am a jew, I am a believer in Jesus Christ and I hate all the Germans. But what you told me, brother, about Jesus in your life ...« – kurze Pause –, dann fährt er fort in Jubelstimmung, sein Gesicht total verändert, »... brother I am free, I am free, brother I can come back to Germany, I am free, I am free« (Aber was du sagtest, mein Bruder, über Jesus in deinem Leben ... Bruder, ich bin frei, ich bin frei, Bruder, ich kann wieder zurück nach Deutschland, ich bin frei, ich bin frei).

Er umarmte mich – um meine Rippen musste ich mir schon etwas Sorgen machen – und drückte mich wie ein Kind an Weihnachten. Dann lief er raschen Schrittes davon, zu Menschen, die nun das Erlebte hören müssen, ob sie es wollen oder nicht. Sein Gesicht strahlte.

Am nächsten Morgen traf ich den Leiter der Fellowshiparbeit an der Bushaltestelle. Er fragte mich: »Sag mal, Friedrich, was hast du denn mit X. gemacht? Wir wussten ja alle nicht, dass er einen solchen Hass gegen alles Deutsche hat.« Erst da erfuhr ich den Namen meines Gesprächspartners.

Jesus ist die gangbare Brücke über die Abgründe des Lebens und die Brücke zur Welt Gottes, Jesus ist die Brücke zum Nächsten.

»So euch der Sohn frei macht, so seid ihr recht frei.« (Joh. 8,36)

»Er aber
tut alles fein zu seiner Zeit.« (Pred. 3,11)

»Er aber tut alles fein zu seiner Zeit.« (Pred. 3,11)

Mit einem befreundeten Ehepaar waren wir auf eine Ranch in den Rocky Mountains eingeladen. Dort sollte eine Freizeit (dies ist natürlich ein typisch deutscher Ausdruck) für Menschen in Verantwortung – besonders aus dem politischen Bereich – stattfinden. Eingeladen waren Verantwortliche aus einer Vielzahl von Ländern. Glücklicherweise chauffierten uns unsere Freunde dorthin, da ich in fremden Ländern nicht so gern selbst Auto fahre.

Auf der Hinfahrt, es war schon Nacht, fuhren wir bei der Fahrt über einen Pass hoch in den Bergen über ein auf der Straße liegendes Stinktier. Ich meine heute noch diesen Gestank zu riechen. Die Ranch war für dieses Treffen gemietet und sie bot viele wunderbare Möglichkeiten. Allein 120 Reitpferde waren dort, es gab einen Golfplatz, ein Schwimmbad und allerlei andere Dinge. Aber das Zentrum war jeden Tag die Beschäftigung mit Jesus Christus. Immer wieder berichteten dann auch Einzelne dieser Verantwortungsträger persönlich, was ihnen Jesus bedeutet. Wir hatten eine unwahrscheinlich gute Gemeinschaft untereinander, trotz der verschiedenen Hautfarben und Herkunftsländer. Natürlich waren die wunderschönen Rocky Mountains eine Attraktion für sich und sozusagen eine Möglichkeit, das Schaffen Gottes in der Natur live zu erleben. Es gab auch manche interessante und lustige Dinge. Ich bekam die Aufgabe zugeteilt, die gemeinsamen Lieder auf dem Klavier zu begleiten.

Bei einem festlichen Abend wünschte sich der Leiter der ganzen Arbeit, dass ich Klavier spielen sollte – irgendein Stück. Daraufhin sagte ich zu. Aber im Laufe des Gespräches konkretisierte sich dieser Wunsch doch noch sehr, es sollte unbedingt und unwiderruflich ein Stück von Chopin sein. Nun wusste ich ganz genau, dass ich kein einziges Stück von Chopin auswendig konnte. Noten waren keine da und außerdem ist Chopin sehr schwer zu spielen. Ich hoffte, dass ich irgendwie aus dieser Klemme herauskommen könnte. Es gelang mir nicht. Was blieb mir anderes übrig, als zwar Klavier zu spielen, alles auch stilgerecht in den musikalischen Formen von Chopin zu improvisieren, aber Chopin war das natürlich nicht. Das war weiter nicht schlimm, da meine Zuhörer nicht bemerkten, dass das kein Originalstück von Chopin war. Genauer gesagt, alle bis auf einen der Teilnehmer. Dieser sprach mich in einer Pause an und sagte, er würde dieses Stück von Chopin, das ich gespielt habe, gar nicht kennen. Ich sagte ihm dann, das wäre auch gar nicht möglich, da es eine Improvisation im Stil Chopins war. In dem Gespräch stellte ich dann fest, dass dieser Mann, der mit seiner Frau an dem Treffen teilnahm, Mitarbeiter des Chopin-Institutes in Warschau ist. Wir sind bis heute gute Freunde. Natürlich machte ich dann beim anschließenden Abendessen eine Ansage und teilte allen mit, dass ich »nur« eine Improvisation im Stile Chopins gespielt hatte. Es war also eine ganz fröhliche Gesellschaft und doch gab es einige Punkte, die dann doch auch in die Tiefen des menschlichen Lebens hineinführten. Davon will ich erzählen.

Am dritten Tag erschien ein Ehepaar, ein Kongressabgeordneter mit seiner Frau, spontan zu dieser Freizeit. Ich hatte die Frau übrigens schon Jahre zuvor als Sekretärin von Charles Colson kennen gelernt. Der Kongressabgeordnete war allerdings sehr bedrückt, denn er hatte gerade seine Wiederwahl verloren. Für einen Politiker in Amerika ist das nicht einfach und wir hatten viele Gespräche miteinander und wurden wirkliche Freunde. Natürlich war die große Frage: Was will der Herr? Wie gestaltet Gott das Leben dieses Politikers weiter? (Er wäre übrigens bei der neuen Regierung als Wirtschaftsminister vorgesehen gewesen.)

Ich denke, es war gut, dass wir beisammen waren und miteinander vor Gott unser Herz ausschütten konnten. Mein lieber Freund Don hat diese Sache überwunden. Er ist allerdings heute noch in ganz maßgebender Stellung tätig und war auch auf Anhieb sofort bereit, als Hauptredner zu einem unserer Gebetsfrühstücke mit Abgeordneten aus der Duma in Moskau die Hauptansprache zu halten. Das war ein sehr gutes Miteinander und ein lebendiges Zeugnis für Jesus Christus.

Am vierten Tag kam zu dieser Freizeit ein Norweger, der ganz in der Nähe bei einer Pädagogentagung internationaler Prägung war und eigentlich mehr oder weniger zufällig auf diese Gruppe stieß. An dem Abend sollten dann wieder Einzelne aus ihrem Leben erzählen und davon, wie sie Jesus begegnet waren. Auch ich war an diesem Abend aufgefordert, etwas von mir zu erzählen. Das berührte meinen norwegischen Freund persönlich sehr. Es entstanden einige Gespräche mit ihm – sehr tief gehende Gespräche und am letzten Tag sprach er noch mit dem Leiter dieser Tagung. Es gab noch ein Gesamtfoto der Gruppe und dann eilten die Teilnehmer in alle Himmelsrichtungen davon.

Meine Frau und ich flogen in großer Dankbarkeit wieder nach Deutschland zurück. Wenige Wochen später erfuhren wir aus Oslo, von Steinars Frau, so war sein Vorname, dass ihr Mann so fröhlich zurückgekommen und ein ganz anderer Mensch geworden sei. Leider müsse sie uns aber mitteilen, dass es ihm gesundheitlich gar nicht gut gehe und die Ärzte bei ihm einen Gehirntumor festgestellt hätten. Wir waren bestürzt, denn wir konnten uns das bei diesem aktiven, intellektuellen Mann, der eine ausgesprochene Führungspersönlichkeit war, gar nicht so vorstellen. Steinar war in Oslo für das ganze Schulwesen zuständig und für das Amt des nächsten Kultusministers in Norwegen vorgesehen.

Wir hörten dann von der anstehenden Gehirnoperation. Unsere Freunde flogen nach Oslo, um ihn zu besuchen und über seine Frau Aud bat er, dass wir doch auch kommen sollten. Nun konnte meine

Frau nicht einfach unsere sechs Kinder alleine lassen und so beschlossen wir, dass ich allein dorthin fliegen sollte. Natürlich mit einem zwiespältigen Gefühl, denn wie ich schon geschrieben habe, waren Krankenbesuche nicht so meine Stärke. Zudem noch ein Krankenbesuch in Oslo! Aber irgendwie hatte ich den bestimmten Eindruck, dass ich dorthin gehen sollte.

In Oslo holte mich Aud mit dem Auto am Flughafen ab. Steinar war mit im Auto, allerdings auch sein Rollstuhl. Ich erschrak, als ich diesen Mann wiedersah, wie er sichtlich von der schweren Operation gezeichnet war. Die Freude, dass ich extra nach Oslo gekommen war, war in all seinen Äußerungen nicht zu überhören. Obwohl es ihm nicht sehr gut ging, wollte er mir unbedingt noch die berühmte Skiflugschanze Holmenkollen zeigen. Wir fuhren mit dem Auto dorthin, und er ließ es sich nicht nehmen, mir vom Rollstuhl aus vieles zu erklären.

Am nächsten Tage hatte ich dann einige Zeit mit ihm zu sprechen, und wir beteten auch miteinander und breiteten unserem himmlischen Vater all die großen Probleme aus. Steinar war irgendwie bereit, den Weg Gottes für sich zu akzeptieren, auch wenn die Krankheit für ihn doch eine schwerwiegende Veränderung seines Lebens bedeutete. Ich las ihm einiges aus der Bibel vor, was in seine Situation hineinsprach und konnte dann auf seinem sehr schönen Flügel, den er im Wohnzimmer stehen hatte, für ihn bekannte Lieder spielen, auch einige, die wir in den Rocky Mountains in Colorado miteinander gesungen hatten. Es war ein ganz besonderes Zusammensein, zu dem noch zwei seiner Kinder dazukamen.

Steinar wollte mir dann unbedingt noch, obwohl ich den Eindruck hatte, dass es für ihn anstrengend war, sein neues Wohnhaus zeigen, das gerade im Rohbau fertig gestellt war. Es stellte sich die Frage, was wohl jetzt damit geschehen würde.

Für mich war es bewegend, den früheren Steinar zu kennen, kraftvoll, intelligent und jetzt im Rollstuhl in großer Schwachheit, und trotzdem hatte ich den Eindruck, dass Gottes Kraft in dieser Schwachheit mächtig war. Als ich dann am Ende des Wochenendes Abschied nahm, nachdem wir noch miteinander gebetet hatten, wollte Steinar meine Hände gar nicht mehr loslassen. Wir beide haben gespürt, dass es wohl das letzte Mal war, dass wir uns auf dieser Erde sehen und das hat unsere kurze Freundschaft so sehr vertieft. Im Wohnzimmer war irgendwie ein Stück Ewigkeit, und ich konnte meinen Freund nur in die Hand des guten Hirten geben und ihm seinen Segen zusprechen. Auf dem Rückflug habe ich mich natürlich noch intensiv mit Steinar und seiner Familie beschäftigt und war überaus dankbar, dass ich diesen Besuch unternommen hatte.

Wenige Wochen später kam dann die Nachricht vom Heimgang Steinars. Wieder sagte seine Frau Aud: Steinar ist seit Colorado ein ganz anderer Mensch geworden. Er ist Gott begegnet und dafür bin ich so dankbar.

Es vergingen einige Jahre und wir hatten immer wieder Kontakt mit Aud, schriftlich und telefonisch, und hofften, dass sie uns einmal besuchen würde. Dazu kam es leider nie. Sie war doch sehr stark beschäftigt mit dem Ordnen all der Dinge, die so unerwartet über sie hereingebrochen waren. Wer hatte auch gedacht, dass dieser in den besten Jahren seines Lebens stehende Mann so schnell abgerufen würde! Aud musste dann auch zunächst eines der Häuser verkaufen. Wir haben dann den Kontakt etwas verloren.

Später war ich wieder einmal, wie schon häufig, beim National Prayer Breakfast in Washington. Die Aufzüge im Hotel waren alle überbelegt und lange Schlangen warteten davor. Ich dachte, ich gehe die Nottreppe zu Fuß, sieben Stockwerke nach unten. Unterwegs begegnete mir auf der Treppe nach oben ein Abgeordneter des Europäischen Parlamentes aus Norwegen. Wir hatten uns schon früher mehrfach gesehen und auch gesprochen und deshalb sagte er sofort geradeheraus: »Letzte Woche habe ich Aud getroffen. Weißt du, dass sie damals bei deinem Besuch ihr Leben Gott ausgeliefert hat?« Ich musste ihm sagen: »Nein, Lars, ich weiß das nicht. Aber es war für mich eine neue Erfahrung, wie Gott arbeitet, wie Gott ein Leben gestaltet.«

Ich wurde erinnert an ein Wort aus Jesaja 26, Vers 12:

»Aber uns, Herr, wirst du Frieden schaffen; denn alles,
was wir ausrichten, das hast du uns gegeben.«

Korrektur

Korrektur

Wenn man korrigiert wird, ist das nicht sehr angenehm. Besonders dann, wenn die Korrektur voll berechtigt ist. Ich musste in meinem Leben oft korrigiert werden – manchmal auf ganz eigentümliche Art und Weise.

Seit vielen Jahren bin ich Mitglied der Allgemeinen Ortskrankenkasse AOK. Ich hatte meinen Mitgliedsbeitrag anfänglich immer selbst bezahlt und es gab diesbezüglich auch nie Anstände. Dann erhielt ich eines Tages eine nicht sehr höfliche letzte Mahnung mit dem dezenten Hinweis, dass bei Nichtbezahlung innerhalb weniger Tage dieser Betrag über einen Mahnbescheid eingezogen würde. Mahnbescheid gab es damals noch nicht, es hieß damals »Einzug über Gerichtsvollzieher«. Beim Lesen dieser Mahnung stieg mein Adrenalinspiegel enorm und ich war zutiefst empört.

Eine kurze Nachprüfung ergab dann auch, dass ich tatsächlich diesen Betrag bezahlt hatte. Da ich mich im Recht fühlte, gab es für mich in diesem Augenblick nichts anderes zu tun, als sofort zum Telefonhörer zu greifen, was manchmal, wie das Exempel zeigt, doch nicht so gut ist. Ich rief also bei der AOK an, hatte eine »sonore« Männerstimme am Telefon und mit meinem ganzen Frust habe ich diesen Mann dann überschüttet.

Das Gespräch lief etwa wie folgt ab:

»Wie kommen Sie dazu, mir eine Mahnung zu senden, obwohl ich bezahlt habe?«

»Wie lauten Ihr Name und Ihre Mitgliedsnummer?«

Ich machte diese Angaben, allerdings mit dem Zusatz: »Ich finde es unverschämt, dass Sie mir ohne Nachprüfung diese Mahnung gesandt haben!«

Auf der anderen Seite dann: »Wir müssen das hier zunächst nachprüfen, warum Sie diese Mahnung erhalten haben.«

»Mir war nicht bewusst, dass die AOK einen solchen Schlamperladen hat. Verschonen Sie mich deshalb mit so unberechtigten Zusendungen.«

Inzwischen fiel mir auf, dass mein Gegenüber eigentlich recht still geworden war und sich kaum zu Wort meldete, schon gar nicht verteidigte. Aber in der Rage war ich mir meiner Sache so sicher und fast stolz drauf, dass das unberechtigt war. Mein Gegenüber wurde immer schweigsamer und wartete auf die nächsten Vorwürfe. Im Vollgefühl meines »Sieges«, ich war ja überzeugt, dass ich absolut Recht hatte, fragte ich dann den Herrn am Telefon: »Mit wem habe ich denn gesprochen?«

Mein Gesprächspartner entgegnete: »Mein Name ist Schneider, ich kenne Sie gut, Herr Hänssler, ich war bei Ihnen schon in einer Freizeit und Sie haben damals die Bibelarbeiten gehalten.« Das war für mich wie ein Schlag ins Gesicht. Ich beendete das Gespräch, hatte noch einige Minuten lang den Hörer in der Hand und war zu nichts anderem mehr fähig, als mich zu schämen. Vergessen waren die Arroganz, Überheblichkeit und Aggressivität. Keine Rede mehr vom Rechtsstandpunkt.

Meine Gedanken kreisten nur noch darum, ob dies wohl das Standardverhalten eines Verkündigers des Evangeliums sei. Diese Korrektur war für mich sehr heilsam. Natürlich bin ich seither beim Telefonieren vorsichtiger geworden, wie Sie bestimmt verstehen werden.

Die Bibel drückt das sehr präzise aus: *»Liebe Brüder, jeder Mensch sei schnell, zu hören, langsam aber, zu reden, und langsam zum Zorn.« (Jak. 1,19)*

Die Grenz-kontrolle

In der Zeit des so genannten Kalten Krieges erreichten uns viele Bitten aus den Ländern hinter dem »Eisernen Vorhang« um Literatur für die Gemeinden. Wir freuten uns immer riesig, wenn es wieder gelungen war, Bücher und Liederbücher in diese hermetisch abgeschlossenen Länder zu transportieren. Sehr oft wurde uns berichtet, wie glaubensstärkend solche Verlagsausgaben für die z. B. in der DDR fast »eingeschlossenen« Menschen waren.

Es gab sehr viele Kanäle, die wir benutzten. Eine ganze Reihe von missionarischen Werken hatte sich sozusagen auf den Transport von christlicher Literatur spezialisiert. Dabei waren ausgesprochen kreative Künstler, die immer wieder neue Ideen hatten, wie man die stark bewachten Grenzen überwinden konnte. Darüber ist seit der Wende schon manches schriftlich berichtet worden. Ich möchte darauf nicht weiter eingehen, obwohl wir eng mit diesen Werken zusammengearbeitet haben und oft ihre Transporter, meistens in den Abendstunden, im Hof unseres Verlagsgebäudes zum Beladen erwarteten.

Wir selbst benutzten eine ganze Reihe anderer »Kanäle«. Vom Verlag aus gaben wir Druckaufträge in die Deutsche Demokratische Republik (DDR), um einzelne Bücher herzustellen. Das war technisch ganz schwierig, da damals die Druckereien in der DDR noch nicht für die Herstellung von Paperbacks eingerichtet waren. Aber wir hatten beispielsweise die Möglichkeit, dort Auflagen von 10 000

Exemplaren der Bücher von Ernst Modersohn »Die Frauen des Alten Testaments« und »Die Frauen des Neuen Testaments« drucken zu lassen. Obwohl wir das Papier dazu in die DDR liefern mussten, wurde es dann dort bedruckt und anschließend kam es wieder zurück nach »Westdeutschland«, um buchbinderisch verarbeitet zu werden – eine sehr aufwändige und nicht kostengünstige Art der Buchproduktion. Wenn wir jeweils einen solchen Auftrag vergeben hatten, und das kam doch häufig vor, durfte die Evangelische Verlagsanstalt Ost-Berlin dieselbe Auflagenhöhe dieses Buches bzw. dieser Bücher für den Verkauf in der DDR mitdrucken. Indirekt war das also eine ausgezeichnete Möglichkeit, Bücher mit der biblischen Botschaft zu verbreiten. Wir haben dies jahrelang so praktiziert – so lange, bis wir nicht mehr zur Leipziger Messe im Frühjahr und im Herbst kommen durften, und ich eine »nicht erwünschte Person« für die Ostländer war.

Daraufhin haben wir andere Möglichkeiten ausprobiert, z. B. mit einer Gruppe, die in Finnland nahe der russischen Grenze eine 14-tägige Freizeit erlebte. Die Teilnehmer machten immer auch einen Besuch im damaligen Leningrad, heute St. Petersburg. Jeder hatte eine russische Bibel bei sich, die dann in Russland zurückblieb.

So nahmen wir bei einer ganzen Reihe von Jugoslawienfreizeiten jeweils größere Mengen an Literatur mit. Jugoslawien war damals das einzige Ostblockland, in das ich einreisen durfte. Jedes Jahr veranstalteten wir Freizeiten in Jugoslawien und nutzten diese Möglichkeiten. Einmal fuhren wir mit einem Bus, gefüllt mit jungen Menschen, zu einer Freizeit an die kroatische Mittelmeerküste. Dazu hatten wir uns im Vorfeld mit einer Gruppe abgesprochen, die in allen Ostländern sehr eifrig arbeitete. Die Koffer der Freizeitteilnehmer hatten wir in einem Anhänger verstaut und der ganze Platz für das Gepäck im großen Bus, für über 50 Personen, war voller christlicher Bücher, fast ausschließlich Bibeln in den Ostsprachen Rumänisch und Russisch. So fuhren wir also durch Österreich nach Jugoslawien und kamen in der Nacht gegen 0.30 Uhr an die jugoslawische Grenze. Dort fand üblicherweise eine sehr strenge Kontrolle statt, doch diesmal schien sie noch schärfer zu sein. Wir warteten und beobachteten, wie ein Fahrzeug nach dem anderen, meistens PKWs, genauestens durchsucht wurde. Vor uns fuhr ein junger Franzose mit seiner »Ente«. Er regte sich über die schikanöse Durchsuchung seines Autos ziemlich auf. Sogar eine Leibesvisitation war mit eingeschlossen, obwohl dieser junge Mann absolut nichts Verbotenes bei sich führte. Als Nächstes kamen wir an die Grenze.

Wenn man eine lange Zeit beobachtet, wie die Autos durchsucht werden, ist es verständlich, dass man ziemlich aufgewühlt ist. Was geschieht, wenn diese Bibeln, die in wirklich großer Menge in diesem Bus verstaut waren, entdeckt werden? Die Freizeitteilnehmer selbst ahnten davon nichts. Nur drei Verantwortliche wussten Bescheid und wir standen in der Nacht neben dem Bus und beteten, dass Gott diesen Grenzpolizisten in irgendeiner Weise die Augen zubindet. Wir stellten uns auch ganz andere Fragen. War das nicht einfach zu gefährlich und konnte unter Umständen nicht die ganze Freizeit platzen? War das alles nun Glaubensmut oder war es gar Übermut?

Dann gingen die Polizisten durch den Bus, sammelten die Pässe ein und wir mussten wieder lange Zeit warten. Nachdem wir die Pässe wieder zurückerhalten hatten, sollte die Durchsuchung durch die politische Polizei stattfinden. Doch es passierte einige Zeit gar nichts. Wir sahen zwar die Polizisten und erlebten mit, wie dann offensichtlich eine Wachablösung stattfand. Eine andere Gruppe von Polizisten war angekommen und diese beiden Gruppen unterhielten sich nun lautstark mitten auf der Straße und man hatte nicht den Eindruck, dass sie in den nächsten zwei Stunden etwas anderes tun wollten. Unser Busfahrer, der ebenfalls von der ganzen Aktion nichts wusste, er hatte auch keine Beziehung zum christlichen Glauben, kam langsam in Rage. Er ärgerte sich so fürchterlich über dieses unmögliche Verhalten an der Grenze, dass wir ihn regelrecht beruhigen mussten, was uns aber nur für kurze Zeit gelang.

Dann tobte unser Fahrer, der ja noch eine mehrstündige Fahrt in der Nacht vor sich hatte, und ehe wir uns versahen, startete er den

Motor seines großes Busses und fuhr, ohne nach links und rechts zu schauen, mit Karacho über die Grenze.

Wir selbst waren schockiert und wollten nur im Rückspiegel erkennen, wie diese Grenzpolizei nun reagierte. Und das Wunder geschah: Sie reagierte überhaupt nicht. Die drei Verantwortlichen im Bus sahen sich nur stumm an, und man spürte jedem ab, dass er in seinem Innersten ein aus tiefstem Herzensgrunde kommendes Dankgebet sprach.

Damit war die Geschichte noch nicht zu Ende, denn es waren einige Freizeitteilnehmer zusätzlich noch mit Autos direkt nach Jugoslawien gekommen. Diese hatten nun die spezielle Aufgabe, in dieser Nacht die Bibeln in ihre PKWs zu verladen und an eine einsame Stelle in ein größeres Waldgebiet zu fahren, wo sie dann von dem Transporter dieser Missionsgruppe übernommen werden sollten. Keine einfache Geschichte zu der Zeit. Für mich war das eine erneute Bestätigung, dass für Gott nichts unmöglich ist.

Bei dieser Freizeit gab ein Teilnehmer bei einem Ausflug ins Landesinnere einem Taxifahrer ein kroatisches Traktat. Der zeigte ihn an und der Mutige musste 2000 Dinare Geldstrafe bezahlen.

Außerdem bekamen wir keinen Raum, um die Bibelarbeiten an jedem Morgen abhalten zu können. So mussten wir uns auf das große Flachdach eines Restaurants begeben, und dort sangen wir dann auch frisch und fröhlich unsere Lieder und beschäftigten uns intensiv mit der biblischen Botschaft.

Der Hoteleigentümer hatte Angst, mit der Geheimpolizei Schwierigkeiten zu bekommen. Deshalb bestellte er eine aus dem Land stammende Combo-Band, die dann vor dem Restaurant so spielte, dass man unser Singen auf dem Dach möglichst nicht hören sollte.

Es gäbe noch vieles zu berichten. Eines ist auf jeden Fall klar: Ein Leben für Jesus kann aufregend schön sein.

Dankbarkeit

Dankbarkeit

In meinem Elternhaus gingen vielerlei Personen aus und ein: ganz einfache, schlichte Leute und auch ganz besondere. Diese Sondermischung war auf jeden Fall sehr interessant, manchmal sogar amüsant – auf jeden Fall für mich immer wieder sehr bereichernd. Zu den Besuchern zählte auch ein aus meiner damaligen Sicht »älteres« Ehepaar: er von großer Statur und würdevollem Aussehen, mit gepflegtem, weißem Spitzbart und seine Frau, wesentlich kleiner gebaut, mit einem recht vornehmen Verhalten.

Dieser Mann kam immer wieder zu uns, denn er sollte den Flügel des Hauses stimmen, wenn das notwendig geworden war. Ich kann mir kaum einen Menschen denken, dem ich begegnete, der so fröhlich war wie er. Und dies, obwohl er blind war. Den Grund seiner Blindheit weiß ich nicht mehr. Doch ich weiß, dass er ein sehr gutes Gehör hatte und auch den Flügel ganz genau gestimmt hat. Meistens war das Ehepaar bei uns noch zum Mittag- oder Abendessen eingeladen, und immer war es eine ganz fröhliche Runde. Für mich war beeindruckend, dass dieser Mann nun doch sehr auf die Hilfe seiner Frau angewiesen war, wenn er vom Stadtzentrum aus diese Reise zu uns aufs Land machen musste.

Eine besondere Gabe von ihm war, dass er immer wieder meiner Ansicht nach selbst erfundene Späße machte. Dabei musste er, wenn er sie erzählte, selbst wohl am meisten lachen – und das recht laut.

Das hatte zur Folge, dass die ganze Familie kräftig mitlachte.

An eine Geschichte kann ich mich noch erinnern:

»Der Herr Appel wollte gerne heiraten und fragte deshalb Fräulein Birne, ob sie diesem seinem Wunsch zustimmen würde und ihm ein Ja-Wort geben könne. Worauf Fräulein Birne etwas schnippisch mit dem Namen einer süditalienischen Stadt antwortete: ›Ne Appel.‹

Herr Appel zog dann wieder unverrichteter Dinge ab und übte sich doch etwas in Traurigkeit.

Eines Tages bekam er eine große Erbschaft – auf jeden Fall eine für ihn hoch willkommene Sache. Irgendwie musste Fräulein Birne davon erfahren haben. Auf jeden Fall sandte sie Fräulein Zwetschgenstein zu Herrn Appel und sie antwortete dann auf die Frage von Herrn Appel, was ihr Begehr wäre, mit dem Namen einer spanischen Stadt: ›Se will ja.‹

Herr Appel aber war über die Absage immer noch untröstlich und machte sich natürlich seine Gedanken. Auf dieses Signal von Fräulein Birne gab Herr Appel an Fräulein Zwetschgenstein nur folgenden Kommentar ab, den Namen zweier nordischer Länder: ›Nor wegen dene Mark‹.«

Während nun unser Besucher diesen Spaß erzählte, verschluckte er sich und meine Eltern hatten alle Mühe ihm zu helfen, dass er wieder atmen konnte.

Dies war aber nur die eine Seite unseres Gastes. Die andere Seite war, bei aller Fröhlichkeit und bei all seinem dankbaren Wesen, das mir schon als Bub sehr eindrücklich war, dann doch die tief gehenden Gespräche mit meinem Vater über die Themen der damaligen Zeit. Er war überhaupt nicht einverstanden mit der nationalsozialistischen Ideologie und konnte sich in seine Abwehrhaltung richtig hineinsteigern. Allerdings tat er das nach außen hin doch in ganz anderer Form. Er schrieb nämlich viele Gedichte. Während dieser Zeit war ja der so genannte Hitlergruß »Heil Hitler« für viele Menschen die übliche Begrüßung. Adolf Hahn, so war sein Name, stellte aber die Dinge in seinem Lied richtig, das inzwischen schon sehr viele Menschen gesungen und lieb gewonnen haben. Dessen Refrain heißt: »In keinem andern ist ja Heil, denn nur in Jesu Namen.« Das war eine Antwort auf die Ideologie der damaligen Zeit. Mein Vater schrieb dann die Musik dazu und so ist dieses Lied ein weit verbreitetes Zeugnis für Jesus geworden.

1. *O Heiland, fülle meinen Tag, dass er dir Früchte bringe!*
O segne meiner Harfe Schlag, dass er für dich nur klinge.

Refrain:
In keinem andern ist ja Heil, als nur in deinem Namen;
so sei mein bestes Erb und Teil: Der Herr ist König! Amen!

2. *So lange ging ich, fern von dir, durch Nacht und Dämmerungen;*
du aber tratst voll Huld zu mir und hast mich ganz bezwungen.

3. *Nun wandre ich im Morgenlicht, umstrahlt von deiner Gnade.*
Selbst Leid und Kummer schreckt mich nicht auf meinem Pilgerpfade.

4. *Du hast mir selbst ein Ziel gestellt, gib meinem Lauf Gelingen!*
Und segne, weil ich in der Welt, mein Tagwerk und mein Singen.

Adolf Hahn hat mir das vorgelebt, was Fröhlichkeit, Dankbarkeit und Klarheit in einem Menschenleben bedeuten kann, das auf Jesus Christus allein ausgerichtet ist.

Bei den Besuchen, die ich miterlebt habe, habe ich in keinem einzigen Augenblick den Eindruck gehabt, dass er Probleme mit seinem durch die Blindheit vorgezeichneten schwierigen Lebensweg hatte.

Leitung

Leitung

Die Auswahl der Manuskripte, die zur Veröffentlichung vorgesehen sind, muss sehr sorgfältig getroffen werden. Manchmal ist man auf der Suche nach besonderen Inhalten, die man unserer Gesellschaft nahe bringen möchte. Natürlich spielt die Glaubhaftigkeit des Autors eine genauso große Rolle wie der Inhalt des Geschriebenen. Für unsere Publikationen ist es wichtig, dass es nicht gut erfundene Geschichten sind, sondern Tatsachenberichte von Geschehnissen, die sich genauso zugetragen haben und die dazu dienen können, dass Menschen etwas erleben können von der Kraft Gottes.

So erhielten wir einmal ein ganz interessantes, englisches Manuskript, das sowohl meine Frau als auch ich in einem Zuge durchlasen. Meine Frau hat das, soweit ich mich erinnere, in einer Nacht geschafft. Wir waren beide sehr angetan von der Geschichte, von der Qualität und von der Aussage dieses Buches. Sofort bemühten wir uns um die Rechte. Wir wollten einen Vertrag abschließen, um dies in Deutsch sofort veröffentlichen zu können, möglichst zeitnahe zu der Publikation in Englisch.

Normalerweise werden solche Verträge schriftlich verhandelt; in diesem Fall wurde ein Besuch eines Verantwortlichen der amerikanischen Veröffentlichung avisiert. Dieser Mann, ziemlich groß gebaut, besuchte uns dann kurzfristig. Er kam mit dem Flugzeug von Amsterdam und wir verhandelten miteinander. Die Bedingungen, die er uns im Auftrage eines großen amerikanischen Missionswerkes nannte, waren für uns so nicht zu akzeptieren. Ich hatte es so noch nie erlebt, dass wir als Gegenleistung für dieses Buchmanuskript, das natürlich von uns in den höchsten Tönen gelobt wurde, dieser amerikanischen Gesellschaft eine Adressenliste unserer Kunden aushändigen sollten. Diese sollte wahrscheinlich als Anfang einer deutschsprachigen Missionsarbeit dienen. Ganz eindeutig erklärte ich, dass wir das unter gar keinen Umständen machen könnten und wollten, dies sei unverantwortlich. Das bis dahin recht positive Gespräch wurde merklich kühler. Und der Bevollmächtigte sagte, darüber könne er nicht entscheiden, aber es sei ihm wichtig, noch am selben Tag von uns die Zusage zu erhalten.

Er versuchte dann telefonisch seinen Chef in den USA zu erreichen, was ihm aber nicht gelang, zumal dieser zu der Zeit nicht im Büro war, aber doch in etwa einer Stunde später erreichbar sei. Bis dahin mussten wir die Zeit mit dem überbrücken, was man im Englischen »small talk« nennt.

Man unterhielt sich über mancherlei. Während wir so redeten, hörten wir plötzlich einen Knall und stellten sofort fest, dass der Strom im ganzen Verlagsgebäude weg war. Die Ursache war uns zunächst unbekannt. Als der Bevollmächtigte wieder in den USA anrufen wollte, funktionierte das Telefon nicht mehr. Der besagte Anruf war also nicht möglich. Recht verärgert zog dieser Mann wieder in Richtung Flughafen ab, da er einen Abendtermin in Holland hatte.

Wir vereinbarten, dass wir am nächsten Tag uns noch einmal miteinander in Verbindung setzen wollten, aber wie gesagt, eine Herausgabe unserer Adressen kam für uns überhaupt nicht in Frage. Dies ist zwar in den USA üblich, aber keineswegs in Deutschland.

Inzwischen stellten wir fest, dass in einem Teilbereich des Dorfes, in dem wir lebten, der Strom ausgefallen war. Der eigentliche Grund dafür bestand darin, dass einer unserer Buben zusammen mit einem Freund die sinnige Idee gehabt hatte, einen elektrischen Masten zu schaukeln. Dabei kamen einige Drähte miteinander in Berührung, was einen Kurzschluss verursachte. Am Abend wurde von Technikern die Panne wieder behoben und das Telefon funktionierte wieder. Immer noch dachten wir an dieses hervorragende Manuskript und hofften für den nächsten Tag auf eine gute Entscheidung, möglichst auf ein persönliches Gespräch mit dem Chef dieses Werkes in den USA.

Gleich am nächsten Morgen erhielt ich einen Anruf eines guten Freundes, eines auch in unserem Verlag recht bekannten Autoren, der mich sofort fragte, ob ich gestern einen Besuch von diesem Werk gehabt hätte. Ich bejahte, da das ja auch den Tatsachen entsprach. Dann sagte dieser Freund: »Lass bloß die Finger davon. Dies ist eine ganz unsaubere Geschichte!« Ich war etwas unsicher geworden, bedankte mich und konnte im Laufe dieses Tages dann getrosten Herzens eine Absage geben, sodass wir dieses Buch nicht in Deutsch veröffentlichten.

Bald darauf stellte sich heraus, dass die zwar ungeheure gute und spannende Geschichte kein Tatsachenbericht, wie das angekündigt worden war, sondern eben eine frei erfundene Geschichte war.

Einige Monate später wurden in den USA gerichtliche Schritte gegen dieses Werk erhoben und der Chef, mit dem ich hatte sprechen sollen, wurde angeklagt und dann wegen Veruntreuung von Spendengeldern zu einer längeren Haftstrafe verurteilt.

Die Veröffentlichung dieses Buches hätte für den Verlag bestimmt einen Ansehensverlust bedeutet. Zudem wäre der Inhalt des Buches eine Vortäuschung falscher Tatsachen gewesen.

Für mich erstaunlich war, dass Gott für diese gute Entscheidung einen Freund benützte und einen Lausbuben, der am Masten schaukelte. Er ist eben ganz unbegrenzt in der Wahl seiner Mittel.

Die Auswahl eines Manuskriptes ist nicht immer so spannend, aber manchmal erlebt man doch die ganz großartige Leitung Gottes.

Lange Zeit suchte ich eine gute jüdische Übersetzung des Alten Testamentes. Es gibt zwar eine Reihe von Übersetzungen, am bekanntesten ist die von Martin Buber, aber ich war auf der Suche nach einer wörtlichen Übersetzung, die lesbar und nicht ethnologisch oder philosophisch in irgendeiner Weise belastet ist.

Wieder einmal war ich in Israel und hatte in der Kongresshalle in Jerusalem einen Vortrag zu halten über »Antisemitismus in den Medien«. Da ich noch etwas Zeit hatte, wollte ich beim Redaktionsbüro »Nachrichten aus Israel« einen Besuch machen, um die Arbeit kennen zu lernen. Als ich dort im Sessel saß, entdeckte ich im Bücherregal eine mehrbändige jüdische Übersetzung des Alten Testamentes von Tur-Sinai. Ich wollte mir diese ansehen. Denn ich hatte diese Übersetzung vorher nicht gekannt und stellte gleich fest, dass sie genau meinen Wünschen entsprach. Ich fragte Ludwig Schneider, ob von Tur-Sinai, sein eigentlicher Name war Torczyner, noch Anverwandte am Leben seien, mit denen man verhandeln könne, um diese deutsche Übersetzung wieder zu drucken. Er erinnerte sich daran, dass eine Tochter von Tur-Sinai in Jerusalem leben und dort Besuchergruppen führen würde.

Ich fragte sofort, ob er eine Idee hätte, wie man diese Frau erreichen könne. Darauf meinte Ludwig, dass das nicht seine starke Seite sei, er habe zwar einen ganzen Korb mit Adressen, aber eben nicht sortiert. Er ging dann ins Nebenzimmer und griff in diesen Korb hinein und zog sofort diejenige der Tochter Tur-Sinais. Im selben Augenblick läutete das Telefon, Ludwig Schneider nahm ab. Wer war das wohl am Telefon? Die Tochter Tur-Sinais! Ich konnte sofort mit ihr sprechen und wir verabredeten gleich anschließend einen Treffpunkt, zu dem mich einer von Ludwigs Söhnen mit dem Auto brachte.

Innerhalb von einer Stunde war ich dann mit Frau Shiloh und ihrem Mann handelseinig. Die beiden freuten sich außerordentlich, dass diese jüdische Übersetzung noch einmal gedruckt werden sollte. Die war nämlich so gesucht, dass sie in keinem Antiquariat mehr aufzutreiben war, zumal die erste Auflage 1935, also mitten in der Hitlerzeit, in der Schweiz für die jüdische Gemeinde in Berlin veröffentlicht worden war.

Viele dieser Bibeln wurden durch den Holocaust bewusst vernichtet. Wir konnten dann innerhalb weniger Monate diese Ausgabe drucken und seither auch wieder im Nachdruck vorlegen. Inzwischen hat diese Übersetzung einen großen Freundeskreis bekommen und immer, wenn ich diese Bibel in der Hand halte, denke ich daran, wie es dazu kam.

Leitung durch Gott heißt immer auch, in vorbereitete Verhältnisse zu kommen. Dafür bin ich bis heute dankbar.

Überraschungen

Überraschungen

Vor Jahren war ich zu einem Evangelisationskongress in Amsterdam eingeladen. Wie das bei solchen Anlässen meist ist, war die Zeit vor dem Kongress so voll mit Terminen und Arbeit, dass ich ziemlich erschöpft dort ankam. Als mir dann mein Hotelzimmer zugeteilt worden war, dachte ich im Innersten: »Wie gut, dass du jetzt ein Einzelzimmer hast und dich da etwas erholen kannst – trotz des Kongresses.« Ich schloss dann die Zimmertür auf und sah zu meinem Schrecken einen Koffer in diesem Raum stehen. Anscheinend war der Traum vom Einzelzimmer schon ausgeträumt.

Bald darauf erfuhr ich von Wilfried Reuter, dass er mich gerne bekannt machen würde mit einem gewissen Dr. Eduard Ostermann. Ich konnte mir unter diesem Namen damals noch niemanden vorstellen und wartete gespannt der Dinge, bis ich dann entdeckte, dass es eben dieser Dr. Ostermann war, mit dem ich das Zimmer zu teilen hatte. Als überlasteter Industriemanager hatte auch er gehofft, ein Einzelzimmer zu bekommen, um trotz des Kongresses etwas auszuspannen.

Nun, zum Schlafen kamen wir kaum. In der ersten Nacht redeten wir bis in die frühen Morgenstunden miteinander, um uns kennen zu lernen und Lebenserfahrungen auszutauschen. Dies wäre alles nicht ganz so schlimm gewesen, wenn Dr. Ostermann nicht noch ein Frühaufsteher gewesen wäre. Wenn ich dachte, ich sei gerade erst eingeschlafen, las dieser Mann um 5.00 Uhr schon wieder seine Bibel. Das waren also schon Überraschungen, aber das war die Grundlage für eine bis heute andauernde enge Freundschaft. Ich konnte ja dann von Dr. Ostermann eine ganze Reihe wichtiger Bücher für unsere heutige Gesellschaft veröffentlichen.

Vom Kongress weiß ich nicht mehr allzu viel. Ich erinnere mich noch an einige Freunde, die damals mit dabei waren, u. a. Pfarrer Kurt Heimbucher. Gegen Ende dieses missionarischen Kongresses lud nun Dr. Ostermann uns als deutsche Abordnung ein und sagte zu uns: »Ich will euch doch noch meine holländische Heimat zeigen!« Eigentlich wäre ich lieber nach Hause gefahren, aber ich ließ mich dann doch gerne überreden und so fuhren wir mit einem großen Boot durch die berühmten Grachten in Amsterdam. Später dann auch noch nach Volendam, dem berühmten Platz dort mit den kleinen, schmucken Häuschen. Doch auf dem Schiff kam die nächste Überraschung für uns, die wir alle dort saßen und uns fröhlich unterhielten und die herrliche Landschaft beschauten. Plötzlich fing mein Freund Dr. Ostermann mit sehr markanter Stimme an zu singen: »Großer Gott, wir loben dich.« Ich dachte zunächst, das darf doch nicht wahr sein und war gespannt auf die Reaktion. Natürlich durfte ich ihn nicht allein lassen und stimmte zusammen mit den anderen Freunden mit ein. Ich war doch perplex, als fast alle Leute, die auf diesem Schiff waren, dann dieses Lied mitsangen. Offen gesagt, das hatte ich keinesfalls erwartet.

Bei dieser Überraschung blieb es allerdings nicht. Als das Lied fast mit allen Versen zu Ende gesungen war, stand mein neuer Freund Dr. Ostermann im Boot auf und sagte: »Ich habe einen Freund aus Deutschland mitgebracht, und der wird Ihnen allen jetzt sagen, was er mit Jesus Christus erlebt hat.« Ich dachte, mich träfe ein Schlag. Mit allem hatte ich gerechnet, aber nicht mit dem. Was ich damals so spontan sagte, vielleicht auch stotterte, weiß ich nicht mehr. Eines ist mir geblieben: Ich stellte mir ernsthaft die Frage, warum ich mich in der Öffentlichkeit geniere, mit Menschen über Jesus Christus zu sprechen. Vielleicht auch in Situationen, die »überraschend« sind.

Wie sagte doch Jesus: *»Wer nun mich bekennet vor den Menschen, den will ich bekennen vor meinem himmlischen Vater.« (Mt. 10,32)*

Russland

Russland

Immer wieder habe ich mich mit russischer Literatur, besonders mit Dostojewski, befasst, aber auch mit Solowjow und Tolstoi. Russische Musik habe ich sehr häufig gehört und zum Teil auch gespielt. Von daher habe ich ein gewisses Verständnis für russisches Denken und Empfinden. Vielleicht wurde ich deshalb immer wieder eingeladen, mich für bestimmte Aufgaben in Russland zur Verfügung zu stellen. Zunächst ging es eigentlich nur um die Einfuhrerlaubnis für große Mengen russischer Bibeln, aber auch um Versuche, Druckaufträge an russische Druckereien zu vergeben. Es gab manche Begegnungen mit offiziellen Stellen, mit dem Metropoliten der russisch-orthodoxen Kirche in Moskau, mit Verlegern. Vieles war kompliziert. Und da ich genau wissen wollte, mit welchen Druckmaschinen unsere Bücher eventuell gedruckt werden, um einigermaßen eine Qualitätskontrolle zu haben, wollte ich eine riesige Druckerei besuchen.

Dies war so aber nicht möglich, und ich brauchte dazu eine besondere Erlaubnis vom KGB, die ich dann auch erhielt. Allerdings erst später, sodass ich für diese Besichtigung extra nochmals nach Moskau fliegen musste. Zunächst dachte ich, dass mir diese Erlaubnis vorenthalten wurde, weil vielleicht uralte Druckmaschinen dort in diesem großen Gebäude standen. Ich wurde aber des Gegenteils belehrt. Dort befanden sich die neuesten »westdeutschen« Druckmaschinen, die es überhaupt gibt. Allerdings seit Monaten noch unausgepackt.

Mit einigen amerikanischen Verlegern versuchten wir bei der Moskauer Buchmesse Möglichkeiten zu erkunden und es gab dann auch eine großartige Gelegenheit, während der Buchmesse russische Neue Testamente zu verteilen. Bald stellte sich heraus, dass für die Einfuhr von Bibeln die Ukraine viel unkomplizierter war und auf diesem Weg sind große Mengen an Bibeln und christlicher Literatur nach Russland gekommen. In der Zeit des politischen Umbruchs war vieles im Fluss und es war schwierig, die richtigen Leute anzusprechen, zumal die Verantwortlichkeiten relativ häufig verändert wurden.

In einem der großen Hotels gab es nur jeden zweiten Tag etwas zu essen. Eine Tatsache, die von meinen amerikanischen Freunden überhaupt nicht verstanden worden ist. Erstaunlich war, dass wir als Deutsche doch recht beliebt waren.

Ganz unerwartet bekam ich die Einladung, zusammen mit zwei Bonner Freunden und zwei amerikanischen Freunden in Moskau ein Gebetsfrühstück mit Abgeordneten der Duma, des russischen Parlaments, zu arrangieren. Für uns eine nicht ganz einfache Aufgabe, zumal wir wenig oder kaum Kontakte zu russischen Abgeordneten hatten. Unsere amerikanischen Freunde unterstützten uns aber tatkräftig und so kam es zum ersten Gebetsfrühstück auf nationaler Ebene – in einem von der Lufthansa geführten Hotel. Es gab für uns vieles zu lernen. Während man in den USA zu einem Gebetsfrühstück ohne weiteres um 7.00 Uhr morgens einladen kann, ist in Russland vor 9.00 Uhr kein Termin denkbar. Es gab für Abgeordnete und Personen mit großer Verantwortung eine Einladeliste. Die Einladungen hatten aber aus Gründen des sicheren Empfanges nicht mit der Post versandt werden können, sondern waren per Auto in Groß-Moskau vom Ministerbüro aus überbracht worden. Auch der Vizepräsident der Akademie der Wissenschaften hatte sich sehr aktiv eingeschaltet. Auf die Einladung hin kamen dann ca. 150 persönlich eingeladene Gäste. Neben Bibellesungen und Gebeten war für die Hauptansprache beim ersten Treffen Billy Graham vorgesehen, der kurz vorher in dem großen Sportstadion eine Evangelisation abgehalten hatte. Als musikalische Darbietung kam eine Celloklasse des berühmten Tschaikowski-Konservatoriums in Moskau. Es waren so etwa zehn, vielleicht noch mehr Cellisten, die so hervorragend spielten, wie ich das in meinem Leben nur ganz selten erlebt habe. Für uns war es wirklich ein Geschenk, dass Jesus Christus auch da ganz klar bezeugt werden konnte. Danach bildete sich eine kleine Gruppe von Abgeordneten, die sich regelmäßig zu einem Gebetsfrühstück getroffen haben. Für sie gab es viel Neues und in gewisser Weise auch ein Umdenken.

Beim 2. Nationalen Gebetsfrühstück hielt der amerikanische Kongressabgeordnete Bill Emerson die Hauptansprache. Er war schon von seiner Krebskrankheit gezeichnet; trotzdem konnten wir miteinander den Kreml intensiv besichtigen. Für uns ein großes Erlebnis. Beim Gebetsfrühstück sang ein Auswahlchor einer russisch-orthodoxen Kirche Psalmlieder. Es nahm auch der Menschenrechtsbeauftragte der russischen Regierung für Tschetschenien teil. Was er uns erzählte, hat uns sehr betroffen gemacht. Man hatte versucht, ihn und seine Mitarbeiter durch einen gezielten Artillerieangriff auszuschalten, damit sein Bericht nicht publik wurde. Ein recht bekannter Journalist, der Jahre im Untergrund zugebracht hatte, begleitete ihn. Ich hätte ihn mit Lenin verwechseln können, er war sein absoluter Doppelgänger. Nachdem wir uns über Russland, die russische Seele unterhalten hatten, und hauptsächlich, nachdem er erfuhr, was ich alles von Dostojewski gelesen hatte, umarmte er mich spontan und sagte: »Bruder, du bist halt schon halb Russe.« Und gab mir einen Schmatz auf die Wange.

Die Verantwortlichen dieses Gebetsfrühstücks konnten alle nach Washington eingeladen werden, um bei dem dortigen Nationalen Gebetsfrühstück teilzunehmen. Wir hatten dort die Möglichkeit, sie dann auch noch näher kennen zu lernen.

Beim 3. Gebetsfrühstück in Moskau auf nationaler Ebene hielt der schon erwähnte Kongressabgeordnete Don Bonker die Ansprache. Ich war sehr dankbar, dass er sich dazu trotz seines vollen Terminkalenders bereit erklärte. Am Abend zuvor waren wir zu einem kleinen Abendessen in die Botschaft Tansanias in Moskau eingeladen. Der Botschafter und seine Frau waren gläubige Leute und haben auch diese Arbeit sehr unterstützt. Dort traf ich den Generalsekretär einer Partei in der Duma, den ich schon vorher gekannt hatte. Sein Gesicht war gezeichnet von den Narben der Misshandlungen, die er in 9-jähriger Haft erlitten hatte. Beim Verabschieden sagte ich zu ihm: »Wir sehen uns ja morgen früh beim Gebetsfrühstück.« Er verneinte. Ich fragte: »Warum bist du nicht dabei?« Er antwortete: »Ich habe keine Einladung erhalten.« Darauf machte ich ihm deutlich, dass ich seinen Namen auf der Gästeliste gesehen hatte und dass er unbedingt dazu kommen solle (seine eigenen Fraktionskollegen hatten ihm die Einladung vorenthalten). Es blieb mir nichts anderes übrig, als ihm meine eigene Einladung zu überreichen und meinte dann zu ihm: »Du nimmst auf jeden Fall teil, hier hast du meine Einladung, ich komme auch ohne eine zu diesem Frühstückstreffen.« Er erschien dann auch tatsächlich. Das ist auch Russland!

Bei diesem 3. Gebetsfrühstück war anstatt der beiden Bonner Freunde meine Frau mit dabei. Wir hatten dort auch die Möglichkeit, das neu hergerichtete Puschkin-Museum zu besichtigen. Übrigens zeitgleich, was wir vorher nicht wussten, mit Hillary Clinton, der Frau des damaligen amerikanischen Präsidenten.

Für mich als Verleger eine großartige Möglichkeit, die Originalporträts der berühmten russischen Komponisten und Schriftsteller zu sehen.

Der Verantwortliche für diese kleine Gebetsfrühstücksgruppe in der Duma war ein junger, intelligenter Abgeordneter aus St. Petersburg, Dr. Vitali Sawitzky. Nachdem wir uns schon mehrfach getroffen hatten, er kam bestimmt aus der russisch-orthodoxen Tradition, sagte er mir, dass er von uns gelernt hätte, dass man auch ohne Kerzen beten könne. Zu spüren war seine Dankbarkeit, dass sich eine Gruppe von Menschen im Namen Jesu Christi versammelte, mitten in der Angst der Welt. Vitali hatte bestimmt durch seine klare und unerschrockene Haltung auch Feinde (aus alten kommunistischen

Seilschaften?). Auf jeden Fall hörten wir wenig später, dass er mit seiner Familie ermordet worden war, in der typisch russischen Art: In einer schmalen Einbahnstraße fährt ein Auto und von der anderen, falschen Seite, kommt ein 38-Tonnen-Lastzug und zermalmt alles. So ist das auch bei Vitali geschehen. Ich bin ihm sehr dankbar für das, was er in diesen Jahren investiert hat.

Einmal hatten wir ihn und einen politischen Mitarbeiter zum Mittagessen in dem größten Hotel eingeladen. Gewundert hat mich, dass sehr viele Bedienungen da waren, aber nur sieben oder acht Gäste in diesem riesigen Lokal. Wir hatten mit der Bedienung einen bestimmten Preis für das Mittagessen vereinbart und führten unsere Gespräche über die Arbeit unter Politikern dort fort.

Als wir bezahlen wollten, wurde uns eine Rechnung in dreifacher Höhe des abgesprochenen Preises vorgelegt. Ich weigerte mich, diesen Preis zu bezahlen. Als wir uns nicht einigen konnten, wollten wir den Manager des Restaurants sprechen. Dieser kam nicht, dafür nochmals der bedienende Angestellte. Jetzt gab es eine heftige Auseinandersetzung.

Ich ging dann in den Raum, in dem unsere Pässe abgegeben werden mussten, um diese aus reiner Vorsichtsmaßnahme zu holen, falls wir in Unannehmlichkeiten kommen sollten. Als ich die Pässe von uns dreien hatte, bezahlten wir einfach das, was wir miteinander abgesprochen hatten und verließen dann das Haus.

Dabei sind mir verschiedene Dinge aufgefallen:

Zunächst kam es mir eigenartig vor, dass unsere beiden politischen Freunde sich in keiner Weise in diese Debatte eingemischt hatten. Dann haben wir aber später noch erfahren, dass dieses Restaurant der Mafia gehört und dies unser erster direkter Kontakt mit der Mafia war. Das ist auch Russland!

Einmal war ich auf dem Flughafen Sehremetyevo und wollte meinen Rückflug nach Frankfurt antreten. In dieser großen Abflughalle, gefüllt mit vielen hundert Menschen, brauchte man lange, bis man endlich am Ende einer langen Schlange zum Schalter gelangen konnte. Als ich endlich dran war, erklärte mir die Stewardess, dass ich für diesen Flug nicht gebucht wäre. Ich habe dann protestiert und ihr meinen Flugschein gezeigt, es war alles einwandfrei. Sie sagte nur ganz lapidar: »Sie sind nicht auf dieser Maschine.«

Zunächst musste ich überlegen, was zu tun ist und ließ den nächsten Passagier in der Warteschlange vor. Dann meldete ich mich wieder und sagte: »Ich bin auf diesem Flug mit dabei. Sie sehen, ich habe hier den gültigen Flugschein genau für diesen Flug.« Wiederum wurde ich abgewiesen: »Nein, Sie sind nicht auf der Liste.« Diese Unterhaltung lief schon lautstarker ab als die erste. Wieder ließ ich einen nächsten Fluggast der Warteschlange vor und dann beim dritten Mal schrie ich mit lauter Stimme, sodass es jeder im Umkreis von vielen Metern mithören konnte, mit Nachdruck: »Ich bin bei diesem Flug dabei, Sie können machen, was Sie wollen, Sie sehen, dass das alles korrekt ist und so ist es auch gebucht.« Wiederum sagte die Dame: »Nein, Sie sind nicht auf der Passagierliste.«

In einem Augenblick, als sie nicht so ganz aufmerksam war und sich vielleicht schon auf den nächsten Fluggast konzentrierte, griff ich mit meiner Hand einfach über den Counter und schnappte mir die Passagierliste. Sofort entdeckte ich, dass ich auf der Passagierliste stand. Ich konnte ihr das dann sagen und ziemlich mürrisch einchecken. Ich habe mich gefragt, ob die Dame diesen Platz irgendjemand anderem schon verkauft hatte?

Zur offiziellen Feier, 50 Jahre Kriegsende, waren wir mit Staatskarten für einen hervorragenden Platz für die Siegesparade eingeladen. Langsam mussten wir uns von einer Polizeisperre zur anderen vorkämpfen und immer wieder eine halbe oder auch ganze Stunde warten, bis der Weg zur nächsten Sperre freigegeben wurde. Obwohl wir über zwei Stunden früher aufgebrochen waren, dauerte die ganze Prozedur einige Stunden, sodass die Parade längst vorbei war. Übrigens war diese Parade um einige Stunden vorverlegt worden, aus Sicherheitsgründen, wie es hieß. Als wir dann schlussendlich auf dem

Roten Platz waren, stand dort ein Balalaika-Orchester. Das war dann unsere Parade. Auch das ist Russland!

Das Einzige, was wir schlussendlich noch von dieser großen Jubelfeier sahen, war ein hervorragend inszeniertes Feuerwerk und das war wirklich wunderschön.

Was hat mich am meisten in Russland beeindruckt? Zunächst einmal die Dankbarkeit für die relative Freiheit, die nach dem Umbruch möglich war, obwohl ich das Gefühl hatte, dass viele der Freiheiten überhaupt nicht genutzt wurden.

Aus Angst? Aufgrund der kommunistischen Erziehung? Der Staat hatte ja eigentlich dem Bürger alle Entscheidungen abgenommen und ihn zu einem lediglich Empfangenden gestempelt. Aufgefallen ist mir, dass die Menschen, auch fromme, nach wie vor sehr misstrauisch miteinander umgehen. Das hat sie in 70 Jahren Kommunismus so geprägt und war wahrscheinlich schon im Zarensystem überlebenswichtig. Die einzige nennenswerte Offenheit hat sich bei mir in den Witzen gezeigt, die mir dort erzählt wurden. Es waren immer die besten, die ich überhaupt gehört habe. Vielleicht zwei Beispiele dafür:

Beim Juden Goldstein in Moskau läutet um 2.00 Uhr in der Nacht die Haustürglocke. Er steht auf und fragt: »Wer ist draußen?« Darauf die Antwort: »Die Post.« Goldstein öffnet die Türe und draußen stehen zwei Beamte vom KGB und stellen ihm heikle Fragen:

»Sind Sie Goldstein?« Er: »Ja.«

»Haben Sie genügend hier in Russland zu essen?« Er: »Ja.«

»Haben Ihre Kinder in Russland eine ordentliche Erziehung?« Er: »Ja.«

»Warum haben Sie dann einen Ausreiseantrag nach Israel gestellt?« Goldstein: »Weil ich nicht in einem Lande leben möchte, wo die Post nachts um 2.00 Uhr zugestellt wird.«

Ein weiterer dort kursierender Witz:

Auf dem Moskauer Flughafen Sehremetyevo, dem Flughafen für Auslandsflüge, fragt ein Hauptmann der Grenzpolizei einen Juden, der eben nach Israel emigriert:

»Warum wollen Sie nach Israel auswandern?«
»Nun ja, weil ich etwas besser Hebräisch lernen möchte.«
»Warum wollen Sie besser Hebräisch lernen?«
»Weil ich denke, dass Hebräisch die Sprache des Himmels ist.«
Der Hauptmann denkt kurz nach und sagt dann: »Was machen Sie denn, wenn Sie in die Hölle kommen?«
»Das ist dann nicht so tragisch, Russisch kann ich schon.«

Immer wieder sind solche Witze ein Ventil in drangvollen Situationen, in denen Menschen sich befinden.

Oft wurde ich auch, dies ist eine andere Beobachtung, mit der Zerrissenheit der russischen Christen konfrontiert. Einmal hat mich das so bewegt, dass ich meinen russischen Freunden sagte: »Ihr habt das Wort unseres Herrn Jesus: ›Wenn zwei oder drei versammelt sind in meinem Namen, dann bin ich mitten unter ihnen‹ falsch verstanden. Ihr meint, wenn es vier sind, dass ihr eine neue Gemeinde gründen müsst.« Das ist leider manchmal die Situation.

Während meiner verschiedentlichen Besuche habe ich auch eine ganze Reihe von Gottesdiensten verschiedener Denominationen besucht. Was mir immer wieder aufgefallen ist, ist die Tatsache, dass die Russen generell ein ganz großes Gespür und mehr noch, Wissen, um die Heiligkeit Gottes haben. Was uns im Westen so vielfach ganz verloren gegangen ist, in dem Gott praktisch der Boss oder der Daddy ist, das wäre in Russland unmöglich. Übrigens ein großes Problem bei der Bibelübersetzung.

Immer wieder habe ich Menschen erlebt, die wirklich ganz Gott hingegeben waren, gewiss würden wir von unserer reformatorischen Theologie da gerne noch nachhelfen. Aber diese Ehrfurcht vor Gott hat mich tief beeindruckt. Durch die Arbeit des Gebetsfrühstücks konnten wir auch größere Stückzahlen unserer russischen Studienbibel nach Moskau bringen lassen. Immer wieder kamen auch Busse mit jungen Russen bei uns vorbei, um die Bibeln abzuholen. Einmal wurde eine ganze Ladung von Studienbibeln in einer russisch-orthodoxen Kirche aus der Sakristei gestohlen. Wie gut, dass wir wissen, dass Gottes Wort nicht wieder leer zurückkommt, sondern bewirkt, zu was es gesendet ist.

In den letzten Jahren beobachte ich auch einen Hunger nach dem Wort Gottes, wenngleich die Synodalübersetzung inzwischen für viele Russen doch schwer verständlich ist. Es ist ja praktisch eine Sprache, die über 130 Jahre zurückliegt. Zwar sagen viele alte Russen, das ist unsere Sprache, das ist die Sprache Dostojewskis, aber jüngere Menschen haben doch Mühe mit einem Zugang zum Wort Gottes. Ich bin froh, dass es inzwischen gut revidierte Fassungen gibt.

Für die geschäftlichen Verhandlungen hatte ich immer einen hochintelligenten jungen Russen als Übersetzer. Für diese Arbeit war ich sehr dankbar. Er hat uns auch bei uns zu Hause besucht. Ich gab ihm ein russisches Neues Testament, das er noch nie vorher gesehen oder in der Hand gehabt hat. Als er nach Hause kam, hat sich seine junge Frau hingesetzt, um das Neue Testament zu lesen. Sie hat in diesem Neuen Testament bis zum nächsten Morgen gelesen, bis ihr Mann wieder zur Arbeit ging.

Die Frau eines russischen Diplomaten sagte mir: Einige dieser biblischen Aussagen habe ich jetzt erst aufgrund der Studienbibel richtig verstanden. Ich freue mich über diesen Hunger nach dem Wort Gottes und bin gewiss, dass dieses Wort Gottes seine Früchte in diesem weiten russischen Land trägt. Die vielen Millionen russischer Bibeln, die inzwischen in dieses Land gekommen sind, zum Teil auch dort gedruckt wurden, werden das Land beeinflussen. Dafür bin ich dankbar.

Wenn man täglich die Warteschlangen auf dem Roten Platz vor dem Lenin-Mausoleum sieht, die dort einen Blick auf den Leichnam dieses für Russland und die Welt so verhängnisvollen Mannes werfen, erkennt man, dass das russische Volk, das zwar die stündliche Wachablösung dort an diesem Mausoleum immer wieder neu sehen will, nichts nötiger braucht, als die Botschaft des Wortes Gottes von Jesus Christus. Das ist die einzige Hoffnung für dieses Land.

Israel

Israel

In der Dorfkirche meines Geburtsortes, mit größeren Bauteilen aus der romanischen Zeit, war in großen Buchstaben über die ganze Decke des Kirchenraumes geschrieben: »Israel soll blühen wie eine Rose« (vgl. Hos. 14,6).

Bald nach Beginn der Naziherrschaft wurde das mehr oder weniger stillschweigend getilgt und ersetzt durch: »Gott, der Herr, ist Sonne und Schild.« Das war ganz sicher eine Verbeugung gegenüber der herrschenden politischen Macht jener Tage – gleichzeitig auch ein Signal.

Wenn man auf dem Dorf aufgewachsen ist, hatte man eigentlich keine Möglichkeit, Juden kennen zu lernen. Ich selbst begegnete bis zum 30. Lebensjahr nur ein einziges Mal zwei Juden. Ich war damals noch ein Bub und hatte seitens meines Vaters den Auftrag, in einer Papierfirma in Stuttgart etwas abzugeben. Im Hinterhof sah ich zwei junge Burschen, die miteinander Ball spielten. Beide hatten den Judenstern auf ihren Jacken. In meinen Hosentaschen verbarg ich zwei Äpfel und wollte sie, da es ja die karge Kriegszeit war, den beiden geben. Aber irgendwie genierte ich mich, die beiden waren auch älter als ich, sodass ich es nicht wagte, den Jungen die Äpfel zu geben, einfach aus menschlicher Scheu heraus. Dieses Erlebnis verfolgt mich noch bis heute. Immer mit der Frage: Was ist aus den beiden geworden? Und warum hast du dich damals nicht überwunden und den beiden diese wirklich kleine Aufmerksamkeit zukommen lassen? Vom Elternhaus her wusste ich um die »Sonderbehandlung« der Juden. Mein Vater hatte mehrmals einer jüdischen Arbeitskolonne, die beim nahe liegenden Flughafen Schwerstarbeiten ausführen musste, Brot gebracht, indem er es unter dem Mantel versteckt hatte und dann einfach auf den Boden fallen ließ, sobald die Wächter nicht aufpassten.

Aber nicht nur der Einfluss des Elternhauses war es, der schon in jungen Jahren meinen Blick für die besondere Erwählung des Volkes Israel schärfte. Der frühe Pietismus hatte ja mit dem Antisemitismus gebrochen, auch mit dem religiösen Antisemitismus der Kirchen. So war es eigentlich für mich selbstverständlich, sobald dies möglich war, Kontakte mit Juden zu knüpfen, nach Israel zu gehen. In mehreren Jahrzehnten veranstalteten wir von unserer Jugendarbeit aus jährlich Freizeiten in Israel und machten auch einige Schiffsreisen dorthin, zu einer Zeit, als das noch nicht so üblich war.

Dazu kam auch noch die verlegerische Arbeit. Bald vergaben wir Druckaufträge nach Israel und veröffentlichten auch israelische Publikationen in Deutsch. Darunter auch eine ganze Anzahl von Publikationen des Außenministeriums. Immer wieder ist mir aufgefallen, dass die Berichterstattung in unseren deutschen Medien sehr einseitig und oft verzerrt ist. Dem wollte ich entgegenwirken. Im Laufe der Jahre machte ich auch die Bekanntschaft mit vielen Juden, darunter auch Verantwortungsträgern für den Staat Israel. Durch unsere Publikationen und Ausstellungen lernte ich Land und Leute kennen und bekam intensiven Kontakt mit Knesset-Abgeordneten, aber auch mit Staatspräsidenten.

Innerhalb mehrerer Jahrzehnte haben uns alle Botschafter des Staates Israel im Verlag besucht und auch ihren Dank über mancherlei Hilfestellung, die wir gewähren konnten, ausgedrückt.

Besonders geprägt hat mich dann der Kontakt mit messiasgläubigen Juden in den verschiedensten Ländern dieser Erde. Eines der ersten Bücher, das wir in dieser Hinsicht veröffentlichten, war das Buch »Zum Leben erwählt« von Johanna Dobschiner.

Einige Jahre, nachdem dieses Buch erschienen war, lernte ich »Hansi«, wie wir sie nennen durften, beim damaligen Kongress für Weltevangelisation in Lausanne 1974 kennen. Von da an entwickelte sich eine tiefe und enge Freundschaft und geistliche Gemeinschaft. Wir luden sie ein, mit unserem Jugendmitarbeiterteam auf eine Schiffsreise nach Israel mitzukommen. Das war ihr erster Besuch in Israel. Ihre Mitarbeit war für uns alle ein Segen. Auch ihre klare Botschaft, die sie vielen Menschen weitergegeben hat. Es gibt nur ganz, ganz wenige so dankbare und fröhliche Menschen, die ich kennen gelernt habe, wie Hansi es war. Sie wurde im Herbst 2002 vom Herrn über Leben und Tod in die Ewigkeit abgerufen.

Im Laufe der Jahre hatte ich auch viele Möglichkeiten, die missionarischen Werke kennen zu lernen, die in Israel und weltweit arbeiten. Manche Freundschaften sind daraus entstanden und so viele Einladungen, dass ich nur einen Bruchteil davon habe wahrnehmen können. Jedes Mal, wenn ich in Israel war, war das für mich ein Erleben der Bibel live. Es war schon bewegend, ein Straßenschild zu sehen inmitten zwischen Bergen von kristallisiertem Salz am Toten Meer, das von Bulldozern hin und her geschoben und zum Teil auch gesprengt worden war. Es trug die Aufschrift »Sodom« oder »Zoar«. Auch der Kibbuz En Gedi war für uns wie eine Oase mitten in der Wüste. Ein Bild für das Aufblühen des jungen Staates und auch ein Bild dafür, dass der Herr sein Volk nicht vergessen hat. Er erfüllt seine Zusagen, die die Propheten des alten Bundes fast einstimmig miteinander verkündet haben, indem er sein Volk aus der ganzen weiten Welt zurückholt in sein Land, das ihnen von Gott gegebene und anvertraute Land.

Eine Reihe von Gesprächen hatte ich mit Shlomo Hillel, er war lange Jahre Knesset-Abgeordneter und Präsident von Keren Hayesod. Er war der Initiator, dass 100 000 Juden aus dem Irak in einer Nacht- und Nebelaktion ausgeflogen werden konnten. Er war zuständig für die »Aktion Salomo«, wo viele Tausend äthiopischer Juden (Fallascha) in ihr Land gebracht werden konnten. Mit Freuden hat er mir vor Jahren gesagt, dass er von über 1 Million Einreiseanträgen von Juden weiß, meist russischen Juden, um in das Land ihrer Väter zu kommen.

Es gab auch Gespräche ganz anderer Art. Ich erinnere mich an eine Begegnung in einem Hotel am Toten Meer mit einem Professor für Talmud. Er zeigte mir seinen Arm mit der Tätowierungsnummer des Konzentrationslagers Auschwitz, in das er als 15-Jähriger eingeliefert worden war. Er machte mir sehr deutlich, dass Christen durch die Jahrhunderte hindurch Schlächter der Juden gewesen waren, seine Familie wurde ausgerottet. Im Gespräch argumentierte er: »Es gibt keine Wahrheit.« Ich versuchte ihm zu sagen, dass die Wahrheit eine Person ist, Jesus, der Christus.

Ich kenne auch andere Juden, die durch die unwahrscheinlichen Gräueltaten der Deutschen eigentlich zu Atheisten geworden sind. Mein Talmud-Professor fragte mich dann: »Sind Sie protestantisch?« Ich bejahte. Darauf gab er mir zur Antwort: »Dann wissen Sie hoffentlich auch, dass der Gründer Ihrer Kirche der größte Judenhasser war, den man sich vorstellen kann.«

Eigentlich hatte ich immer viel zu wenig Zeit, um die eigentlichen Touristenziele zu besichtigen. Ich hatte es immer vielmehr mit Menschen zu tun. So kam ich einige Male auch geschäftlich nach Tel Aviv und habe dort etwas angetroffen, was mich doch sehr angesprochen hat.

Dort war eine ganze Anzahl von jüdischen Männern am Strand, sie aßen miteinander, sie schwammen miteinander und lasen miteinander die Bibel. Der Initiator, ein Archäologe, erklärte dann die Bibel und es erstaunte mich doch sehr, dass er vom Alten Testament her in das Neue Testament wechselte und eigentlich das, was im Alten Testament schon über den Messias gesagt worden war, im Neuen Testament aufspürte. Und das Erstaunliche war, dass die Teilnehmer alle unwahrscheinlich daran interessiert waren, davon noch mehr zu erfahren. Ich wurde aufgerufen, etwas aus meinem persönlichen

Leben zu erzählen und konnte darüber sprechen, was Jesus Christus, der Messias und Gesalbte Gottes, in meinem Leben bedeutet. Manchmal waren diese mehrstündigen Treffen nur von sechs oder acht Personen besucht, manchmal waren es auch 50 und noch viel mehr. Ich sehe immer noch diese ausgeprägten Charakterköpfe, wie sie um die hebräische Bibel im Sand sitzen und miteinander darüber reden.

Ein anderes Mal war ich in Jerusalem, um dort einen Vortrag zu halten. Am Abend war noch eine große Veranstaltung mit dem Nachfolger von Teddy Kollek, mit Bürgermeister Olmert. Relativ spät kam ich ins Hotelzimmer und legte mich gleich schlafen. Durch einen Riesenknall wachte ich auf. Ich bin von der Wucht der Detonation fast aus dem Bett geschleudert worden. Es war einer der Anschläge auf die Buslinie 18, bei dem sehr viele Menschen ums Leben gekommen sind. Wie oft bin ich mit dieser Buslinie gefahren! Nun wurde ich so einfach in die Realität des jüdischen Lebens in diesen Jahren hineingenommen.

Wenn man einen solchen Bombenanschlag aus nächster Nähe miterlebt, versteht man vieles von den Reaktionen der Israelis besser. Am letzten Tag meines Aufenthalts in Jerusalem geschah dann ein zweiter, genauso schwerer Anschlag mit vielen Toten.

Ein Freund brachte mich mit seinem Auto zum Flughafen. Die Sicherheitsvorkehrungen waren überaus streng und die Fragen des Offiziers an mich waren sehr klar und sehr zahlreich. Man hoffte, einen der Attentäter zu erwischen; dann prasselten die Fragen auf mich ein: »Warum waren Sie in Jerusalem, wie lange waren Sie da, wen haben Sie getroffen, was war der Zweck Ihres Aufenthalts?« Und noch vieles, vieles andere. Als ich dann provozierenderweise einige prominente Namen nannte, Leute aus dem politischen Bereich, mit denen ich gesprochen hatte, gab er sich immer noch nicht zufrieden. Ich musste auch das beweisen, was manchmal gar nicht so einfach war. Dann die Frage: »Wie können Sie beweisen, dass Sie hier einen Vortrag gehalten haben?« Zum Glück hatte ich noch ein gedrucktes Programmheft irgendwo im Koffer, wo mein Vortrag angekündigt war. Den fand ich dann und konnte ihm dieses Heft präsentieren. Als er das gelesen hatte, salutierte er und sagte: »Ich wünsche Ihnen einen guten Flug!«, und kontrollierte daraufhin meinen Koffer überhaupt nicht. Das ist Israel.

Dieses Erleben drängt einen zu der Bitte, wie sie in Jeremia 31 steht: »Herr, hilf deinem Volk, den Übrigen in Israel.«

Ich freue mich aber auch über die großartigen Zusagen Gottes in diesem Kapitel. »Ich will sie leiten«; »Der Israel zerstreut hat, der wird's auch wieder sammeln«; »Ich will ihr Trauern in Freude verkehren und sie trösten und sie erfreuen nach ihrer Betrübnis«; »Denn der Herr wird ein Neues im Lande erschaffen«.

Und dann noch diese gewaltigen Zusagen, die weit über das heutige Staatsgebilde in Israel hinausgehen: *»Das soll der Bund sein, den ich mit dem Hause Israel machen will ... Ich will mein Gesetz in ihr Herz geben und in ihren Sinn schreiben; und sie sollen mein Volk sein, so will ich ihr Gott sein.« (Jer. 31,33)*